乘火车游西部环游体验

中国铁路兰州局集团有限公司　编著

中国铁道出版社有限公司

2023年·北　京

内 容 简 介

中国铁路兰州局集团有限公司推出“铁路+旅游”模式，将自然美景、城市发展、历史文化与铁路运输紧密结合，开发了“环西部火车游”系列旅游列车，开启了全新的“火车游”方式。本书从游客视角出发，从丝路游、红色游、研学游、乡村振兴游四个主题全方位展示了乘火车游西部的环游体验。

本书可供铁路客运管理人员阅读，也可供热爱铁路旅游的读者阅读。

图书在版编目（CIP）数据

乘火车游西部环游体验/中国铁路兰州局集团有限公司编著.—北京：中国铁道出版社有限公司，2023.8

ISBN 978-7-113-30341-9

Ⅰ.①乘… Ⅱ.①中… Ⅲ.①旅游指南-西北地区②旅游指南-西南地区 Ⅳ.①K928.9

中国国家版本馆CIP数据核字(2023)第118151号

书　　名：乘火车游西部环游体验
作　　者：中国铁路兰州局集团有限公司

责任编辑：杨　哲　安　琪　　　编辑部电话：（010）51873657
编辑助理：李纯一
封面设计：刘　莎
责任校对：刘　畅
责任印制：赵星辰

出版发行：中国铁道出版社有限公司（100054，北京市西城区右安门西街 8 号）
网　　址：http://www.tdpress.com
印　　刷：北京盛通印刷股份有限公司
版　　次：2023 年 8 月第 1 版　2023 年 8 月第 1 次印刷
开　　本：889 mm×1 194 mm 1/20　印张：13　字数：172 千
书　　号：ISBN 978-7-113-30341-9
定　　价：98.00 元

编　委　会

前　言

中国铁路兰州局集团有限公司(简称兰州局集团公司)管辖铁路位于丝绸之路经济带。这里有大漠孤烟、长河落日，有戈壁冰川、祁连雪山，集众多极致风光于一体。凉州词塞下曲八声甘州从这里唱彻千年，苍茫浑厚；张骞班超霍去病出边关跃马纵横，张国臂掖；佛理妙音满天飞花沿河西走廊迤逦东来，莫高窟麦积山石佛泥塑拈花含笑，见证东西文明的碰撞交融。

天然的地貌优势和悠久独特的文化造就了这里旅游资源的广度和深度，同时也带来了全域旅游的难度。

古老的驿道驼铃悠悠，旅途漫长而艰苦。如今的丝绸之路上，兰新、陇海、包兰、兰渝、敦格、酒额铁路，兰新、宝兰、银西、银兰客专纵横交错，充足的运能，不断提升的服务体验，使铁路成为旅游赋能新平台、新载体。

2018年，兰州局集团公司优化客运产品结构，积极响应“旅游强省”战略，在“敦煌号”等精品旅客列车基础上，开发了“环西部火车游”系列旅游列车，开启了全新的“火车游”方式。

一趟趟“环西部火车游”列车，宛如一条条金丝带，将散落在丝绸之路上星罗棋布而又各具特色的璀璨明珠串联成线，不仅为旅客带来更多更便捷更舒适的出游体验，更助推了地方经济发展。“环西部火车游”一经推出，便在社会上引起强烈反响，获得众多殊荣，中央电视台、新华网等多家媒体持续广泛对“环西部火车游”进行了跟踪报道。

本书是《乘火车游西部设计指南》的姊妹篇，是兰州局集团公司近年来组织旅游专列、专线的积累。本书从游客视角出发，从丝路游、红色游、研学游、乡村振兴游四个主题全方位展示了乘火车游西部的环游体验。本书撰写过程中，引用了部分景区、博物馆相关资料，特别是甘肃省文化和旅游厅给予了我们大力支持，在此表示衷心感谢。

嘉峪关隘雉堞隐隐，祁连峰顶白雪皑皑。就让火车带你驶入时间的古驿道，探访河西四郡的传说，穿过盛唐诗人的世界，来到 21 世纪的西部铁路网，在火车的飞驰中纵览千里河山，聆听古丝路崭新的脉搏跳动。

编　者

2023 年 3 月

目　录

第一章

丝路游

漫漫古道，声声驼铃。大西北是一个充满神秘感的地方，从古丝绸之路开始就赋予了它传奇的色彩。这里有雄伟的洞窟，有奇异的沙漠和商埠重镇，更有古人驻守边塞“醉卧沙场君莫笑，古来征战几人回”的豪气。

历史的车轮从未停歇，它经历了无数朝代的变迁和岁月的洗礼，如今在“一带一路”倡议下，又以崭新的面貌重拾芳华。

一直憧憬坐着火车环游大西北，去亲历昔日丝绸古道的每一寸土地和每一粒黄沙，去感受千年丝路的厚重历史和沧桑大地的生生不息，去聆听古老丝绸之路的细细低语和传奇故事。“环西部火车游”带我踏上了期望已久的丝路之旅。

第一节 酝酿西北之行 预订“环西部火车游”

近日，在中国铁路 12306 网站上看到了“环西部火车游”经典丝路游的推介。五天时间乘坐满载丝路风情的旅游专列探访西部，在戈壁滩徒步，在沙漠越野，在古城下露营，在星空下看三千星辰一筹月；沿着丝绸之路、黄河沿岸一路走过知名的历史重镇——张掖、嘉峪关、敦煌，去触摸古丝路的脉搏，感受丝路文化的灿烂辉煌。

“环西部火车游”旅游专列被喻为“陆地邮轮”，游客不仅在旅游专列内可以享受舒适的住宿和服务，还能在旅游专列上体验“吃、住、行、游、购、娱”和“商、养、学、闲、情、奇”全套的文旅要素，像是打开了一扇诠释西部旅游独特魅力的窗口。

心动之刻，我便拨打了“环西部火车游”旅游专列的预订电话 400-1630-900，准备开启这趟让人无限向往的西部之旅。

温馨提示：

“环西部火车游”旅游专列网上购票方式为：打开铁路 12306 手机客户端，点击“铁路游”，选择“旅游专列”，即可查看相关信息。旅游专列每年 4 月至 11 月上线销售，订购后，可拨打“环西部火车游”旅游专列预订电话 400-1630-900 进行核实。

临行之际，我收到了“环西部火车游”工作人员的电话和温馨提示，随行的旅游管家讲解了这趟旅途需要注意的事项。这样人性化的管家式服务，让人感到安心与轻松，也使人对旅途更为期待了起来。

温馨提示：

1. 行李清单

（1）现金、银行卡：备足所需现金或银行卡。

（2）各种证件：身份证、有效优惠证件。

（3）衣服：根据天气预报选择相应服装。若准备爬山，需备有运动鞋。

（4）其他：防晒用品、雨具、水杯、消毒纸巾、手机、充电器、洗漱用具等。

（5）简单的医药用品：感冒药、清火解毒药、肠胃不适药、晕车药、驱蚊虫药等。

2. 出行提示

（1）甘肃纬度跨度大，日夜温差大。除准备太阳镜、帽子等防晒用品外，还需携带外套，以抵御早晚的低温天气。

（2）西北气候干燥，游客需多喝水或多吃水果，但要注意适量以免引起肠胃不适。

（3）西北海拔较高，初到者往往会有轻微高原反应。出现头痛、头晕和食欲消退等都属正常现象，不必惊慌，及时休息，多饮水，避免剧烈运动即可。

（4）西北风沙尘土较大，建议用塑料袋将照相机扎紧以防沙尘进入。

第二节　品味特色美食　牵手金城兰州

我乘坐飞机于当日中午到达了兰州中川机场。机场出口和城际列车无缝衔接，前往市区十分方便，抵达兰州站只需要一小时。

安置好行李后，第一件事便是去品尝被赞为“中华第一面”的兰州牛肉面。作为兰州的传统美食，牛肉面馆遍布大街小巷。它看似简单但烹饪过程十分讲究，要用筋道的牛肉烹煮后切成薄片或细丁，再拌上小葱、香菜等佐料，客人可以根据自己的喜好来选择面条的粗细，最后再浇上浓厚的汤汁。面条端上来油光闪闪、浓香扑鼻，一碗面吃起来口感爽滑、汤汁鲜美，还可以根据个人口味增添牛肉或凉拌小菜，一碗牛肉面吃下来让人不禁大呼过瘾。

吃完了早餐便可直接前往甘肃省博物馆。甘肃省博物馆是国家一级博物馆，35 万余件馆藏涵盖了从远古时期到近现代历史长河中的点点滴滴。“甘肃彩陶”“甘肃丝绸之路文明”“甘肃古生物化石”三个主要展厅，将绚丽多彩、源远流长的甘肃文明展现在了人们的眼前。

○铜奔马

温馨提示：

甘肃省博物馆营业时间为每周二至周日，每周一闭馆（节假日除外），开馆时间为 9:00—17:00，16:15 停止售票，16:30 停止入馆。

可以关注微信公众号“甘肃省博物馆”或“这里是甘博”预约参观。

博物馆浏览结束后，我乘车前往被誉为“天下黄河第一桥”的中山桥。中山桥又名为黄河铁桥，始建于 1907 年，是坐落在黄河之上的第一座钢架铁桥，距今已有一百多年的历史了。目前中山桥只作为步行观赏桥使用。

远望铁桥与背后的白塔山融为一体，为奔涌的黄河增添了一抹别样的色彩。登上铁桥，俯瞰湍急的黄河从脚下奔涌而过，给人带来的震撼无以言表。

沉醉于美丽的景色，哪怕充实的行程也并未感到疲惫，不知不觉已经 19:00 了。我按照约定的时间赶到集合地点，一眼就看到了举着“环西部火车游”导游旗的旅游管家。在管家的引导下我便前往专用候车区等候，再从专用通道进站，就看到了这次“环西部火车游”旅游专列，让人满怀期待的西部之旅终于要正式拉开帷幕了。

第三节 踏上环西列车 开启环西之旅

跟随旅游管家来到了预定的高级软卧，车厢两人一间，除了有沙发、衣柜和茶几，还配了独立卫生间。将包厢门关闭后，便可以在火车上享受舒适的私密空间，心情非常愉悦。

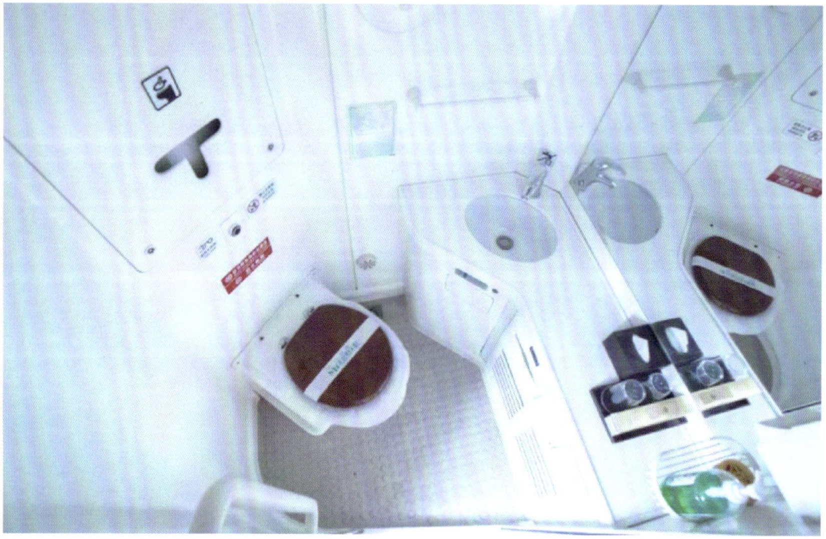

高级软卧包厢内随手就可用到电热水壶、门边的衣服挂、可调节的阅读灯，方方面面都为旅客考虑到了。床上的用品叠得整整齐齐，还配上了可爱的毛巾装饰。包厢里提前准备好了酸奶、湿巾、加厚拖鞋，旅游管家还送来了报纸和新鲜果盘，使我有了种回家的感觉，十分温馨惬意。

“环西部火车游”旅游专列的每节车厢内都用景点图片进行装饰点缀，每一节车厢都有各自的主题。我入住的这节车厢展示的是西北特色文化，并将城市风光和旅游资源等元素绘制在车内。这样别具一格的特色车厢，让人仿佛已经走进了大西北，不禁更想去一探究竟。

旅游管家还送来本趟旅游专列的吉祥物“驼小明”。它眼神呆萌，龇着一口大白牙，如此亲切可爱，又富有创意。看见“驼小明”可爱的表情，不禁也跟着它笑了起来，不知不觉间对之后几天的旅行更为期待了。

日落西山，天色逐渐暗了下来，回到包厢关上门，不久我就进

入了甜甜的梦乡。

在抵达张掖站前，旅游管家轻轻敲响了房门，一觉睡起感觉精神饱满，没有一丝疲惫。简单洗漱后，在旅游管家的带领下很快坐上了旅游大巴，当地的导游已经在车上等候。

大巴行进时导游简单地讲解了今天的行程，通过导游的讲解，更是对正在前往的丝路明珠“金张掖”充满了期待，时刻准备着开始今天的美好旅程。

第四节　置身丹霞奇景　触摸张掖风情

抵达张掖时还是清晨，在准备吃早餐时发现店里有一种叫牛肉小饭的特色餐食，出于好奇就点了一份。待它一上桌，瞬间眼前一亮。刚出炉的小饭热气腾腾，汤中的面丁粒粒饱满，外表晶莹剔透，如同大米粒一样。面条被师傅用精湛的刀工切成如同米粒大小的面丁，搭配浇在面上的黄牛肉片、豆腐片、粉条等一些汤卤配料，非常地诱人。一口下去，面丁顺滑有嚼劲，粉条爽滑可口，黄牛肉肉香味浓，吃起来十分满足，这样的美味一定得亲自品尝才能真切地领会。

吃完早餐后便准备前往七彩丹霞景区。从市区前往丹霞可以选择从张掖汽车西站乘坐客车，通行时间为每天 6:50 至 17:00，每半小时一班，十分方便。

在西北的整个丹霞地貌中最值得称赞的就是张掖的七彩丹霞。蜿蜒起伏的彩色丘陵如同少女挥舞着丝带在人们眼前荡漾，数以千计的悬崖山峦呈现出鲜艳的丹红色和红褐色，相互映衬，将山脉雕琢得五彩斑斓，这样鬼斧神工的奇景铺展在眼前，引得人不禁沉浸其中。

来丹霞观景的时间非常重要，清晨日出时分和傍晚日落时分都是绝佳的观景时间。目光所到之处都是五彩斑斓的丹霞地貌，看着这样的景象仿佛置身于另一个星球，一刻也不想走开。

游景区

张掖其他游览路线：

1. 张掖大佛寺

张掖大佛寺景区因寺内有中国最大的室内涅槃卧佛像而得名。寺院始建于公元 1098 年，曾为佛教圣地。室内涅槃卧佛像长 34.5 米，金装彩绘，形态逼真，视之若醒，呼之则寐。卧佛身后塑十大弟子，两侧廊房塑十八罗汉。藏经阁内珍藏有明英宗颁赐的六千多卷佛经，部分以金银粉书写，保存完好，为佛门稀世珍宝。

交通：

市内可乘坐 1、11、13 路公交车在大佛寺文化广场下车即到。

门票：

40 元 / 人。

开放时间：

全年 8:30—18:00。

2. 马蹄寺石窟群

马蹄寺石窟群位于张掖市肃南裕固族自治县的临松山中，于东晋名士郭瑀隐居讲学时开创，属凉州石窟模式。初名“薤谷石窟”，后因现编第八窟(马蹄殿)窟内马蹄印迹而得名。包括马蹄南、北二寺，金塔寺，千佛洞以及上、中、下观音洞七个部分，现存窟龛70余个。各窟群均开凿在马蹄山谷或近水的红砂岩崖壁上，间距2~7公里，各部分有2~20余窟不等，洞窟排列有横向也有竖向，最高的“三十三天石窟”达5层。

交通：

每年5月到10月之间，游客可在张掖汽车南站乘车，时间最早为9:15，往返票价39元/人，司机会在下车时通知回程时间，售票处会提供“马蹄寺+丹霞”往返车票的选择，往返票价71元/人。

门票：

74元/人。

开放时间：

全年 8:30—18:00。

3. 平山湖大峡谷

张掖平山湖大峡谷距离张掖市区约 25 公里，是集自然奇观、峡谷探险、地质科考、民族风情、自驾越野等于一体的复合型旅游景区，被《中国国家地理》杂志及中外知名地质专家和游客誉为“比肩张家界”“媲美科罗拉多大峡谷”的“丝绸之路新发现”。

交通：

张掖汽车西站到平山湖，票价 25 元 / 人，出发时间 9:45。返程在平山湖路口等待上车，票价 25 元 / 人，返程时间 15:30。（每天只有一班大巴往返，一定不要错过时间，记得留下司机电话方便保持联系，返程票可以在去程时就购买好，售票员会在票上做好标记。）

门票：

100 元 / 人。

开放时间：

全年 8:30—18:00。

4. 张掖国家湿地公园

张掖国家湿地公园位于张掖市甘州区城郊北部，与市区紧密相连。湿地面积 6.2 万亩（1 亩约等于 667 平方米，余同），主体位于城区北郊地下水溢出地带，与城区毗邻。规划区内多样化的湿地类型，是张掖绿洲这一内陆干旱区脆弱生态系统的重要组成部分，发挥着水源涵养和水资源调蓄、净化水质、维护湿地生物多样性、防止沙漠化和改善区域外气候等重要的生态功能，作为区域关键生态支撑体系，对于维护张掖绿洲及黑河中下游生态安全具有重要意义。

交通：

公交车 8、10、14、21、新 1 路直达湿地公园。旅游旺季时，公交车 4 路有专车到湿地公园，4 元 / 人。

门票：

免费开放。

开放时间：

全年。

5. 焉支山

焉支山，也叫胭脂山，位于山丹县城东南 45 公里处，据说是因为山上生长有一种叫红蓝草的植物，可以做成红色的染料，调以油脂后即可做胭脂使用，故名胭脂山，被评为省级森林公园。焉支山坐落在河西走廊的峰腰地带，自古有“甘凉咽喉”之称。

交通：

可在山丹汽车站乘坐去焉支山的旅游客车。

门票：

门票 45 元 / 人，景区观光车 10 元 / 人。

开放时间：

全年 8:00—18:00。

返回市区后，在旅游管家介绍下，我去品尝了张掖有名的面食——炒炮。炒炮是炒炮仗子的简称，因其形如炮仗而得名。西北以面食为主，而河西走廊的面食更是独具特色。一路走来，看似粗犷简易的烹饪每一次都能让人惊喜不断，经过一次次舌尖上的享受也更能感受到这片硬朗土地的温柔与妩媚。

第五节 重返“陆地邮轮” 探秘“第三空间”

“环西部火车游”旅游专列到底长什么样？和普通的列车有什么不同呢？在专列再次启程前 20 分钟，我就迫不及待地登上了旅游专列，亲身体验该趟专列具有独特魅力的各式车厢。

“环西部火车游”旅游专列共有 12 节车厢，包含 6 节软卧、1 节高级软卧、3 节功能娱乐车和 1 节餐车，以及 1 节工作人员休息车。旅游专列装潢精致，配备旅游管家。

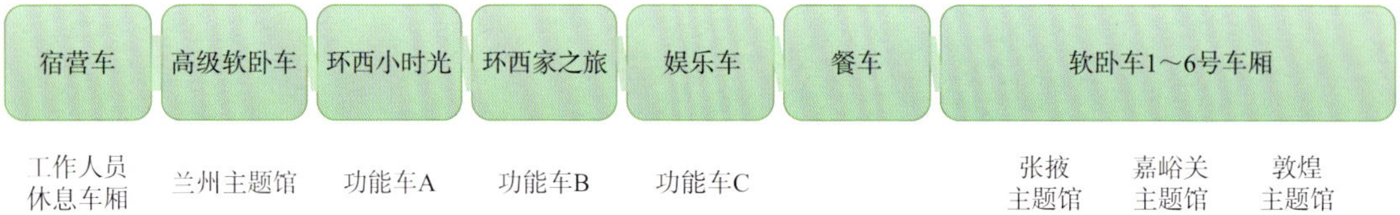

我住的高级软卧车是10号车厢，旅游管家的微笑和亲切的问候，使我一上车就感受到了服务的贴心。侧身一看，我惊喜地发现“环西小时光”车厢就在隔壁，放下行囊，马上走起！

走进这节车厢，不同于我最初的想象，车厢内部墙壁使用了装饰面板进行包装，铺展开的祥云地毯质感非常高级，整体充满了浓郁的西域风格。一眼望去，吧台、展示厅、榻榻米、观景区、网红打卡照片墙一应俱全，确实是一列超乎想象的旅游列车。

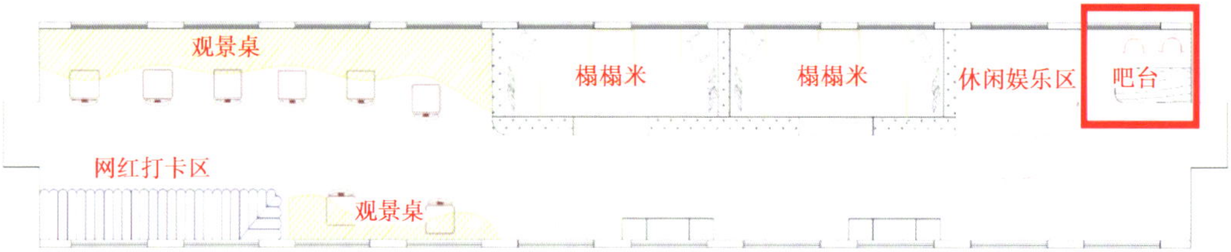

入口处的吧台可以为旅客提供咖啡、香茶和小吃，还有当地特产和旅游纪念品，提供包邮到家的服务。

此时，吧台对面的仿古黑胶留声机响起，传来优雅的天籁妙音，我的耳朵伴随着音乐感受着这里的人文气息，以这样一种全新的方式，体验了一段复古旅程。

来到车厢的另一侧，透过镂空的隔断，能看见圆弧形的展示台和高低错落的地台榻榻米，这里是一个可供独享的惬意小空间。

我轻轻走过弧形展示台，坐在高台榻榻米上，从身旁的书架挑选一本感兴趣的书籍。可以想象，当夕阳西下时分，金灿灿的阳光洒在桌面上，我坐在这里喝着咖啡、看着书，这样惬意的小时光会多么美好。

车厢的过道设计圆顺又充满动感，观景桌上摆放着大大小小的盆栽绿植，环境温馨舒适。

车厢内部有一整块墙面作为网红打卡照片墙，上面贴满了大大小小的照片，有退休的老年人，有带着小孩的一家三口，还有度蜜月的情侣，这里记录了“环西部火车游”游客游览祖国西部大美风光的动人瞬间。

穿过“环西小时光”车厢，“环西家之旅”是另一个惊艳到我的地方，在这里将开启旅行中的“第三空间”。车厢按照度假酒店风格设计，依次是健身房、客卧室（双床房）、休闲区、品茶室、主卧室（大床房）、按摩区。

〇车内黄河母亲浮雕墙

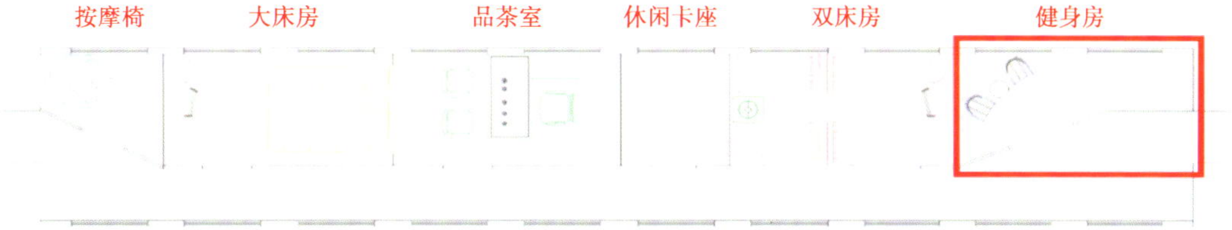

谁能想到火车上竟然有健身房！这样的设计彻底打破了我对火车的固有认识。车厢被落地玻璃隔断出了独立的封闭空间，配套的竹质卷帘很好地保证了私密性，健身房中放置着动感单车、瑜伽球等健身器材，在旅途中也可健身锻炼。

伴随着动感音乐，我骑上动感单车，整个人都精神了，好似自己骑行飞跃在这片广阔的大陆上，实在是太开心了。

来到“环西家之旅”客卧室，这里再一次使我惊奇。我从来没有在火车上见过如此宽敞的酒店房。卧室采用隔断结构和木质板材，配备大气的储物柜、单人沙发和圆形茶几，家具整体为咖色色调。床头柜两侧放置了两张单人软床，床头的台灯散发出暖黄色的灯光，使整个房间更加温馨。房间还配置了智能密码锁。

旅游管家介绍说，到了晚上，旅游专列的运行速度会变慢，而软床特意顺着火车前进的方向摆放，这样的体验非常美妙。

客卧室的隔壁是会客区域，落地玻璃打造出独立封闭空间，区

域放置四张沙发椅，中间为可折叠木桌，是聊天、议事、休闲的理想之地。

茶室也是车厢的一个亮点，这里有专业的茶艺师为旅客提供茶道服务。古色古香的实木茶桌上摆放着“茶道六君子”与泡茶专用器具。一位身着素雅的茶艺师坐在桌前，开始为旅客洗茶、沏茶，并详细地为大家讲解中国茶的历史文化和饮茶习俗。

告别了美丽的茶艺师，我又被一间大床房吸引了目光。这间大床房室内空间采用木质材料进行装饰，在柔和的落地灯光映衬下，木材呈现出美丽的自然木纹和令人赏心悦目的颜色，营造了温暖而宜人的氛围。拉开窗帘，透过超大的观景窗户就能看到窗外的美景。整个房间自然、质朴且高雅，就像一间高端奢华的酒店房，在美丽的风景中移动。

来到本节车厢的尾部，一台豪华按摩椅映入眼帘，游玩一天的我坐上按摩椅，拉下挡帘，打开开关，25 分钟的深度按摩有效缓解了身体劳累、疲倦的状态。睁开眼睛，看到车厢内贴着一张“一车一家人”的手绘宣传海报，而整节车厢就恰似一个移动的家，让我感到温馨舒适。

步入了下一节车厢，这节车厢是一个很大的娱乐室，棋牌、桌游、移动 KTV 等娱乐项目囊括其中，整个车厢内座无虚席，大家欢聚在一起载歌载舞，充满欢声笑语。

旅游管家介绍，车厢还有“百变”的功能，他们会根据不同类型的游客团体进行特定布置，可以是今天我看到的休闲场景，也可以是影院模式、商业展示模式、授课模式。

此时，我看到旅游管家逐个包厢邀请客人前往餐车，听说特意为游客准备了精彩舞蹈。随着人群，我来到了餐车，舞蹈演员在餐车内演绎着敦煌特色舞蹈。舞蹈地域风情浓厚，舞姿活力十足、美轮美奂，真是一场视觉盛宴。

一天中最美的风景是在晚餐时段。坐着“环西部火车游”旅游专列穿行在祖国西部广袤的大地上，吃着独具西北特色的美味食物，喝着盖碗茶，此时窗外茫茫的戈壁构成了一幅雄浑壮丽的画面，这份厚重与沧桑甚至让我有一点热泪盈眶。

地方特色“三泡台”源于盛唐时期，明清时期传入西北，形成了独树一帜的、具有浓郁地方特色的茶品。茶具制作玲珑小巧，由茶盖、茶碗、茶托三部分组成，故称为三泡台或盖碗茶。细瓷精致，古色古香，令人赏心悦目，饮用时馨香甘甜，回味无穷。

三泡台，是用优质的菊花、福建桂圆、新疆葡萄干、甘肃临泽小枣、荔枝干、优质冰糖为佐料配制而成，香而不清则为一般，香而不甜为苦茶，甜而不活不算上等，只有鲜、爽、活才为茗中佳品，呷上一口，茶的清、干果的香、冰糖的甜交织在一起，唇齿回甘。

不知不觉夜幕已经降临，霓虹彩灯下的餐车变身独特的酒吧车厢，使得移动酒吧成为现实。在旅游管家指引下，我再次来到这节车厢，灯光使车厢迷幻又绚丽，坐在中央的演奏者环抱吉他，弹唱着动人的歌谣。推开窗帘，旅游专列正朝着嘉峪关的方向疾驰，我品着小酒，看着眼前车厢内欢乐的笑脸，今晚注定是个难忘之夜。

“环西部火车游”旅游专列，带我回归慢旅行的初心。火车不仅是旅途中的交通工具，同时也是充满温馨与愉悦记忆的旅游目的地。贴心备至的旅游管家服务，为我开启难忘的旅程，通过一列列火车、一条条铁路去探索旅行的意义。

第六节　伫立天下雄关　感怀恢宏历史

此次旅行一共五天四夜，除了在旅游专列上留宿两晚外，要在

嘉峪关和敦煌各住一晚。第三天早晨专列便抵达了嘉峪关，大家期待已久的“天下第一雄关”之旅也正式开始。正值旅游旺季，旅游管家为我们订到了位于市中心的商务酒店，交通十分方便。来到嘉峪关是一定不能错过当地烤肉的，安置好行李，稍作休息，便直奔烤肉而去。

嘉峪关的夜晚得从一把烤肉开始，一入夜，街边巷口都散发着烤肉的香气，看着大大小小的烧烤摊前围坐在一桌的人们一把烤肉、一瓶啤酒，尽情享受着美好的夏夜，用浓浓的“烟火味”来形容嘉峪关的夜生活最合适不过。

嘉峪关的烤肉有着自己独特的风格，将新鲜的羊肉切成小块烤制，用铁签穿制的肉串在炙热的炭火里上下翻滚。

在烤制的过程中，师傅不断将孜然、辣椒面等佐料加入其中，在炭火的炙烤中，肉串滋滋作响，散发出浓浓的香味。一口下去，鲜美的肉块在嘴里翻腾，浓厚的肉汁伴随着孜然和辣椒冲击着我的味蕾。此外，还有羊腿、羊蹄、羊肚等，在烈火的烤炙下都变成了难以忘怀的美食记忆。

说来也是神奇，这里的羊肉吃起来毫无膻味，外皮酥脆，肉质软嫩，同烤肉的师傅交谈得知是因为这里的羊喝着来自祁连雪山的融水，吃着茫茫戈壁上的中草药，肉质鲜嫩，用来烧烤最合适不过。

次日早晨，在酒店用完早餐后我就直奔嘉峪关关城。嘉峪关景区离市区不远，交通非常便利，景区也是十分火爆，停车场内全是旅游大巴车。这里是国家5A级景区，120元的门票包含了嘉峪关城楼、天下第一墩、悬壁长城三个景点。

嘉峪关位于明代万里长城的最西端，是古代丝绸之路前往西域的起点，被誉为“天下第一雄关”。从初建到筑成一共经历了168年的时间，是明代长城沿线九镇所辖千余个关隘中最雄伟的一座，至今保存完好。在1961年3月，被国务院列为全国第一批重点文物保护单位。

嘉峪关关城由内城、外城、城壕三道防线组成，与长城连为一体，站在城头，仍然可以体会到古代军事防御的森严。继续向前走进光华门，进入内城，内城西宽东窄，略呈梯形。光化楼、柔远楼、嘉峪关楼沿东西中轴线排列。古时的嘉峪关是本地的政治军事中心，位于内城的游击将军府不但是长城防御体系的指挥中心，也是朝廷统治地方、检查商旅使者往来、联系西域乃至中亚的枢纽机关。

登上城墙远眺，蔚蓝的天空一望无际，远方的祁连雪山与天空融为一体，再看着脚下壮阔无边的戈壁，顿生“前不见古人，后不见来者，念天地之悠悠，独怆然而涕下”的悲壮沧桑之感。

走出嘉峪关关城，乘坐约 5 分钟的汽车，就到了“长城第一墩”。第一墩作为军事防务的重要据点位于大道的顶端，如今已经改造为一座历史文化体验馆，里面展现的是古长城和第一墩的历史。

在体验馆的最深处，有一座向讨赖河大峡谷外探出的玻璃观景台，高悬于河谷绝壁之上。游人站在观景台上，可以透过玻璃底板，俯瞰脚下的讨赖河河川，河谷深达 80 米，河谷里终年流淌着来自祁连雪山的融水，潺潺的河水好似嘉峪关沧桑久远的历史长河，让人不禁浮想联翩。

嘉峪关其他游览线路：

1. 东湖生态旅游景区

嘉峪关东湖生态旅游景区是嘉峪关市城建史上规模最大的生态建设工程，同时也是国家铁人三项比赛专用场地。公园面积很大，由3个人工湖包围着一座海豚造型的高塔组成，公园内散步、健身的市民很多，往南边可以清楚地看到祁连雪山。公园的“碧海明珠”气象塔是嘉峪关的标志性建筑。气象塔的外形宛若刚从碧海中跃出的一只海豚，该造型立意为戈壁滩上冉冉升起的一颗明珠，这也同身处大西北茫茫戈壁的嘉峪关市相呼应。

交通：

市区内乘坐4路公交车到商业步行街下车，然后步行约600米即是；也可乘坐5、9路公交车到大唐美食街下车，再步行到达。

门票：

免费，景区内的西部明珠气象塔（含嘉峪关科技馆）需要门票30元/人。

开放时间：

全年。

2. 嘉峪关方特欢乐世界

嘉峪关方特欢乐世界位于嘉峪关市南市区方特大道，2015年开园。它是目前甘肃规模最大的高科技第四代主题公园，被誉为“东方丝路明珠”，同时它也是嘉峪关华强文化科技产业基地的重要组成部分。与传统的主题公园不同，嘉峪关方特欢乐世界的游乐项目大多采用交互、体验、参与的表现形式，以中国文化和高科技互动为特色。以国际最先进的4D动感影像技术为手段，或惊险刺激，或新奇有趣，老少皆宜，寓教于乐，能够带给游客耳目一新的欢乐体验。

交通：

乘坐 9、12 路公交车，到达方特欢乐世界站下车即可。

门票：

一日票成人票 260 元 / 人，儿童票和老人票 180 元 / 人。

开放时间：

平日 10:00—18:00。

3. 中华孔雀苑

中华孔雀苑位于嘉峪关市嘉黄公路南侧 50 米，是国家 4A 级主题公园，西接“天下第一雄关”嘉峪关，毗邻“西部八达岭”悬壁长城，是国内最大的蓝孔雀主题公园，已成为嘉峪关旅游的亮点和精品景区。

交通：

景区附近公共交通不便，建议乘出租车前往，距离嘉峪关市区车程约 13 公里。

门票：

50 元 / 人。

开放时间：

全年 9:00—18:00。

4. 紫轩葡萄酒庄园

紫轩葡萄酒庄园地处嘉峪关市，是我国西北地区最大的钢铁基地——酒泉钢铁（集团）有限责任公司下属嘉峪关宏丰实业有限责任公司投资兴建的以葡萄酒酿造为主的企业。庄园总占地面积为 65.4 万平方米，总体规划为年产中、高档葡萄酒五万吨，一期工程建设规模为年产优质葡萄酒一万吨。

返回旅游专列来到榻榻米观景车厢，从嘉峪关到敦煌需要行驶4个小时，这段时间刚好可以来体验一下观景车。我在吧台点了一壶茶，坐在观景桌前，看着窗外的戈壁和远处的祁连雪山，回想着遇到的美味和奇景，内心十分满足。

看着车窗前横亘在河西走廊南麓的祁连山脉，不禁对这趟旅游专列的设计者感到十分佩服，通过巧妙的设计让原本枯燥的乘车过程也变成难忘旅途记忆的一部分。与此同时，奔驰在河西大地上的旅游专列与祁连山脉并肩向前，雪山、草原、戈壁、火车构成了一幅美妙的画作。而我正处于这幅画作之中，真有点“舟行碧波上，人在画中游”的感觉。

离开观景车厢来到茶室，已经有很多人在这里品茶聊天了，如果说刚才的观景车是整趟旅游专列的后花园，那这里就是旅游专列的会客厅。

来自天南海北的大家坐在一起喝茶聊天，在交谈中发现虽然大家有着不同的生活和饮食习惯，但聊到这几日的旅行，都赞不绝口，不论是美食还是风景都让他们十分满意。再加上旅游管家为大家提供的专业服务，更是让他们对此次西部之旅流连忘返。

在旅游专列的美好体验中，4 个小时很快过去，广播里响起前方到站敦煌的提示，西部之旅的最后一站到了。

第七节　穿越千年丝路　共赏魅力敦煌

在夕阳的余晖下，到达了河西走廊的最西段，丝绸之路节点城市——敦煌，这里将是“环西部火车游”旅程的最后一站。

敦煌地处甘肃、青海、新疆三省区交界，扼河西走廊最西端，曾有“使者相望于道，商旅不绝于途”之盛景，是人类文明的汇流融合之所，在中外文明交往史上有重要地位。

敦煌，大漠尽头的风月，丝路上的一眼千年。万万恒沙流淌于此，千千世界尽绘其间。《又见敦煌》这场精彩的室内情景体验剧将带我领略千年敦煌之魅力。我刚下车就从火车站一路奔向剧场，远远地看见了形状似水、通体湖蓝的剧院，在沙漠戈壁的衬托之下，恍若一片幻境，更似它的寓意——“沙漠中的一滴水”。

千百年来，四方文化汇聚于此，这里蕴含着开放包容、海纳百川、美美与共的人文精神。《又见敦煌》90 分钟的演出时间，以史诗的笔法传承丝路文化，以艺术的方式叙述敦煌千年的历史，采用“走入式”情景剧场演出技术，配以动人的主题音乐。“我从 2100 年前向你走来！”“我从 1800 年前向你走来！”“我从 576 年前向你走来！”……从第一幕场景伊始，一批一批历史人物意味深长的朗诵以及大唐将士的金戈铁马、宋国夫人的仪态万方，迅速将我带入漫漫丝路的历史长河，使我身临其境般地穿越千年藏经洞、莫高窟、丝绸之路和浩瀚无垠的敦煌学，仿佛经历了好几个世纪，与一代一代的“丝路人”隔空对话，带给我心灵审美和精神享受的极致体验。

看完精彩的表演，对于身为“吃货”的我，被誉为敦煌“夜景图”和“风情画”的沙洲夜市是心中最向往的地方了。

作为敦煌第一大夜市，沙洲夜市到处流光溢彩，颇有古代丝路贸易繁荣的景象。街的两边是仿古建筑，中间的摊位是精致的仿古小屋，一个个摊位自北向南随着灯火依次排开。

○《又见敦煌》演出场地

○敦煌夜市

人间烟火气，最抚凡人心。我穿梭在熙熙攘攘的人群中，抬眼望去，敦煌特有的水晶石首饰、壁画、塑像、夜光杯……各类商品琳琅满目；烤羊排、臊子面、驴肉黄面等特色风味小吃十里飘香；李广杏、香水梨、黄河蜜瓜等特产味道诱人。

露天的烧烤摊位有烧烤、火锅、烤全羊等，色香味俱全，来自各地的游客品尝着木炭烤肉，再配上啤酒，加上酸酸甜甜的杏皮水，三五成群，谈笑风生。大块的羊肉穿在红柳签子上，最讲究的就是一定要穿一块肥肉，在炭火的炙烤下，肥肉渗出油脂，迅速包裹住瘦肉锁住水分，在火候恰当的时候撒上秘制调味料、孜然粉和辣椒面，烤出来的羊肉肥而不腻，瘦而不柴，味觉层次丰富，每一块肉都以最完美的口感挑动着食客的味蕾。

这里既是一场视觉大餐，又是一场味觉盛宴，令人流连忘返，我们可以尽情享受购物和舌尖跳动带来的双重快乐。

很早就听说过“敦煌八大怪，好吃又奇怪”的说法，来敦煌是一定要探寻一下这“八大怪”。原来“敦煌八大怪”是指敦煌的八种特产，包括水果、风味小吃、特色产品等，在当地还有朗朗上口的顺口溜，“香水梨要放黑卖、风干馍馍掰开晒、浆水面条解暑快、驴肉黄面门外拽、三九锁阳人参赛、酒枣新鲜放不坏、罗布麻茶人人爱、榆钱也是一道菜”。我最喜欢的就是驴肉黄面，面条细如龙须，色泽犹如黄金。浇上驴肉丁、香菇碎末、水豆腐，再配上营养丰富的驴肉。面条劲道，驴肉鲜嫩，一碗下肚，让我超级满足。

吹着大西北的凉风，伴着万点星辰，在热火朝天的沙洲夜市上，一路吃着各式边塞美食，野菜沙葱、胡羊焖饼、火爆板肠，我的味蕾一直沸腾到深夜，今晚好似做了一回真正的敦煌人！

第二天早起，吃了一碗热乎乎的羊肉合汁。合汁以羊肉为主料，将肉丸子、肉夹沙、木耳、粉条、豆腐等烩制在一起，色香味 全，汤鲜肉嫩，将现制的发面饼掰碎了浸透羊汤，吃起来超级美味。一碗合汁，代表着敦煌味道，蕴含着丝路情怀。

享用完早餐，前往敦煌市西南 5 公里处的鸣沙山和月牙泉。这里古往今来以“山泉共处，沙水共生”的奇妙景观震惊全世界，加上悠扬的驼铃和绝美的日落，给敦煌这个城市又加了一份浓浓的色彩。

鸣沙山，东西长 40 公里，南北宽 20 公里，整片山由沙粒堆积，沙丘下面有一潮湿的沙土层，风吹沙粒振动，声响可引起沙土层共鸣，即使晴天风停时，它也会生出管弦之乐，自古就是敦煌的一大胜景。鸣沙山可以让人真切感受到荒漠之美，置身于此，只觉万里丝路，千年一瞬。在山顶的我，一抬眼就看到了“泉映月而无尘”的月牙泉。

月牙泉是敦煌一张熠熠生辉的名片，沙漠之中，一弯月牙碧波荡漾、清澈见底，泉在流水中，干旱不枯竭，风吹沙不落，周围有芦苇等植物围成一圈。

我骑上骆驼，感受“丝路之昌盛、大漠之荒芜”。骑行结束便是滑沙体验，一步一步爬上沙山顶，山坡弯弯相连，组成了沙链。鞋里灌了沙，便赤脚踩在沙子上，滑下去的瞬间可尽情释放压力。

下午，前往世界艺术殿堂莫高窟。莫高窟，开凿于鸣沙山东麓的崖壁上，又叫千佛洞，为我国三大石窟艺术宝库之一，现有洞窟735个，壁画4.5万平方米，彩塑3 990尊，它凝结了数代匠人的智慧心血，这里至今仍是世界上现存规模最大、内容最丰富、延续时间最长的佛教艺术和历史文化宝库。

先进入数字中心，工作人员会带我们观看两场关于敦煌的数字电影。第一场是平面荧幕电影，讲解敦煌莫高窟的千年历史，声情并茂的配音将隐匿于风沙和岁月斑斓里的故事娓娓道来，传递敦煌文化的力量；第二场是球幕电影，“零距离”展示窟内文物，仿佛身临其境观看莫高窟内的雕塑和壁画。

观影结束后，我们依次排队坐摆渡车前往景区。一进窟内，我的内心瞬间变得平静，完全忘掉了洞外的黄沙飞舞。建筑、雕塑、壁画三者结合的立体艺术使这里的每一个角落都是美，既有绿水青山气韵生动，也有一花一叶蕴藏禅意；有尊像的安然端庄，也有飞天的飘逸轻盈；有凤鸟纹、莲花纹等藻井图案，也有山间野兔、空中飞廉、衔枝孔雀等珍禽走兽。来到这里就只想紧跟着讲解员的步伐，听着精彩的讲解，欣赏绚丽的壁画和佛像，与敦煌文化艺术展开一场“近距离对话”。

敦煌壁画的用笔与色调，体现着古人极高的技艺，线条飘逸，色彩绚丽，包含了庄严典雅的艺术文化内涵，也反映了世俗百态的民间生活。洞窟里端坐的佛陀、站立的菩萨、飞天的女神，千百年后仍栩栩如生，诉说着千年之前的传说。最引人注目的是那不胜枚举的飞天，或脚踏彩云，或徐徐降落，有的昂首挥臂，腾空而上，有的手捧鲜花，直冲云霄，还有的手托花盘，在空中自由飘游，衣裙迎风摆动，彩带飘飘翻卷，这般轻盈飘逸，妩媚动人。壁画之上是倒斗形的洞顶，绘满了千佛图像，屹立千年而不倒。此时，我屏住呼吸，想到千年前，敦煌的工匠创作出举世无双的艺术瑰宝，并世世代代用他们毕生的精力，一笔一画延续了辉煌的敦煌艺术，不由心生敬佩。

敦煌之美，穿越千年。我将永远记住敦煌的传奇和诗意，和那流传千年的神秘故事。在恋恋不舍中我离开敦煌莫高窟前往车站，准备乘坐“环西部火车游”专列返程。

傍晚时分，“环西部火车游”列车缓缓地从敦煌站驶出，此次“环西部火车游”之旅也接近尾声。时间临近晚餐，我回到包厢简单整理后，便前往期待已久的餐车。牛肉面、甜胚子、软儿梨、油炒粉等西北特色美食尽数被搬上火车，还有各种美味的小食和饮品，这给了我莫大的惊喜。餐桌上铺着金黄色绣花桌布，菜品都用漂亮的白瓷盘子端上来，每一道家常炒菜都是健康又美味，使我又一次感受到了“环西部火车游”专列设计者的用心。

夕阳慢慢地接近地平线，我透过车窗看到大片的风车群立在一望无际的戈壁滩上，拿出手机拍下了这美丽的一幕。随着时间消逝，

最后一抹余晖也沉下地平线，车内亮起彩色的霓虹灯，我点了酒水，回忆此次美好的旅程，不禁感慨真是一次难忘的专列旅行。翌日早晨，专列准点抵达兰州站，本次专列旅行圆满结束，下一次我会带着家人一起来体验“环西部火车游”丝路之旅。

第八节　乘火车游西部其他推荐路线

1. 甘青大环线

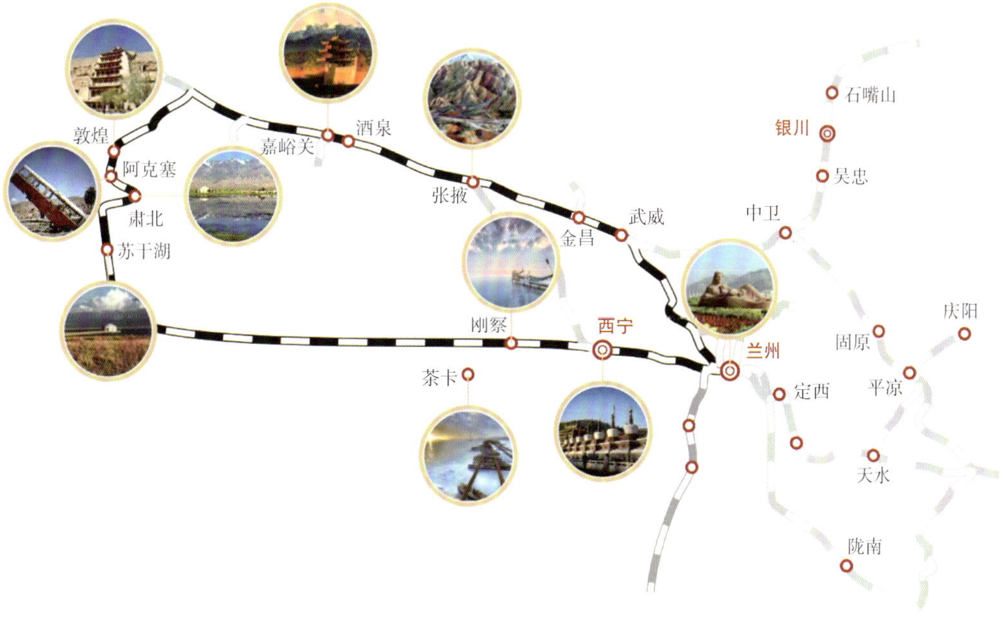

○兰州—张掖—嘉峪关—敦煌—茶卡—西宁—兰州

第一天：兰州—张掖

从各地抵达兰州后，先参观水车博览园，兰州水车又名“天车”。水车历史悠久，外形奇特，起源于明朝，是古代黄河沿岸最古老的提灌工具。中午在兰州市区品尝正宗兰州牛肉面，下午游览黄河风情线，前往中山铁桥，欣赏黄河母亲雕像。最后乘专线列车前往张掖。

第二天：张掖—嘉峪关

专列于早晨抵达张掖，早餐后前往七彩丹霞，丹霞地貌形成于600万年前，而七彩丹霞是国内特有的丹霞地貌与彩色丘陵景观融合的观景区，并被《中国国家地理》杂志评为中国最美的七大丹霞地貌之一。游览结束后乘车返回市内参观大佛寺，大佛寺始建于西夏永安元年（1098年），原名迦叶如来寺，于明永乐九年（1411年）敕名宝觉寺，又在清康熙十七年（1678年）敕改为宏仁寺，因寺内有巨大的卧佛雕像故名大佛寺，又名睡佛寺，1996年被列为第四批全国重点文物保护单位。参观结束后乘专线列车前往嘉峪关，抵达后用晚餐，最后前往东湖生态旅游景区游览，当晚留宿嘉峪关。

第三天：嘉峪关—敦煌

早餐后乘车前往嘉峪关景区，参观天下第一雄关——嘉峪关，景区中的嘉峪关关城，是明代长城西端起点、长城防线上重要的军事要塞。河西隘口，也是古丝绸之路上的必经关隘，素有“中外钜防”“河西第一隘口”之称。游览结束后用午餐，后乘坐专线列车前往敦煌，沿途欣赏西部壮阔美景，抵达敦煌后入住酒店休息。

第四天：敦煌

早餐后前往鸣沙山景区，鸣沙山与月牙泉是大漠戈壁中的一对孪生姐妹，“山以灵而故鸣，水以神而益秀”，确有“鸣沙山怡性，月牙泉洗心”之感，月牙泉弯曲如新月，有“沙漠第一泉”之名。可爬上茫茫沙山之巅俯耳倾听，试试能否隐约听到呼啸的沙鸣之声。午餐后乘车前往莫高窟。游览结束后返回市区用晚餐。

第五天：敦煌—阿克塞—大柴旦

早餐后前往敦煌车站乘专列前往阿克塞，到达后前往石油小镇游览。石油小镇位于甘肃酒泉的阿克塞县城，电影《九层妖塔》曾在此取景，小镇因石油而起，又随着时间的流逝淡出人们视野，镇子上人们生存留下的痕迹已与自然融为一体。随后前往阿克塞哈萨克民族博物馆参观，博物馆位于阿克塞县民族风情园内，是一座展示哈萨克族历史、文化、民俗民情、生产生活以及阿克塞县政治经济文化的综合性博物馆。结束参观后用午餐，乘汽车赴紫亭湖休闲旅游风景区。“先有子亭，后有党城”，紫亭湖得名于古代边塞亭障的“子亭”，景区位于县城以南 2.5 公里处，建有涤浊、映雪、邀月三个人工湖，水面约 260 亩，生态绿化占地 360 亩，构成了肃北县城南侧的生态屏障，可以欣赏水、湖、林、草等多样性的自然生态，景区建有亭台楼阁和广场水榭，辅以蒙古族特色餐饮商贸，春草夏花，秋色冬景，曲径回廊点缀塞上江南景色，是冬暖夏凉的避暑胜地。随后赴梦柯巴音敖包，感受独特的敖包文化，最后乘车前往党河峡谷民族文化风情园，体验蒙古族特色——摔跤、骑马、射箭。结束后用午餐并返回火车站乘专列前往大柴旦，抵达后前往酒店住宿。

第六天：大柴旦—茶卡

早上乘车前往翡翠湖，翡翠湖湖水颜色如翡翠般美丽，特别是风平浪静时，湖水宛若镜面一般，倒映着蓝天白云和柴达木山的皑皑雪峰。游览结束后返回专列到乌兰再转大巴前往茶卡，抵达后入住酒店。

第七天：茶卡—刚察—西宁

早餐后，乘大巴前往茶卡盐湖景区，柴达木盆地是盐的世界，30多个盐湖仿佛镶嵌在柴达木盆地中的一颗颗明珠。盐湖中虽没有亭榭荷花和绿柳青松，然而盐湖之美，却是千姿百态，奇特多彩，别具一格，有的盐湖表面已经干涸，远远望去，好像刚翻犁过的土地；有的碧波荡漾，清澈见底；有的周围凝结了一圈盐带，就像镶嵌着银色的白花。游览结束后吃午餐，之后乘大巴车返回乌兰乘专列前往刚察，抵达刚察后，乘大巴车前往仙女湾景区。仙女湾景区位于青海湖北岸，是青海湖重要湿地，天鹅的家园，具有丰富的生物多样性，因其绚丽的高原草甸湿地，多彩的藏族文化，成为集高原湿地生态体验和祭海文化于一体的旅游景区，每年秋冬季节成群的天鹅在此栖息。游览结束后返回刚察用晚餐，后乘专线列车前往西宁，晚上到达后入住酒店。

第八天：西宁—兰州

用完早餐后乘车前往塔尔寺，塔尔寺依山而建，错落有致，气势磅礴，寺内佛塔林立，寺内可以欣赏艺术三绝（壁画、堆绣、酥油花）。游览结束后乘专线列车返回兰州。下午到达兰州结束本次西部游。

2. 甘青宁新丝路大环线

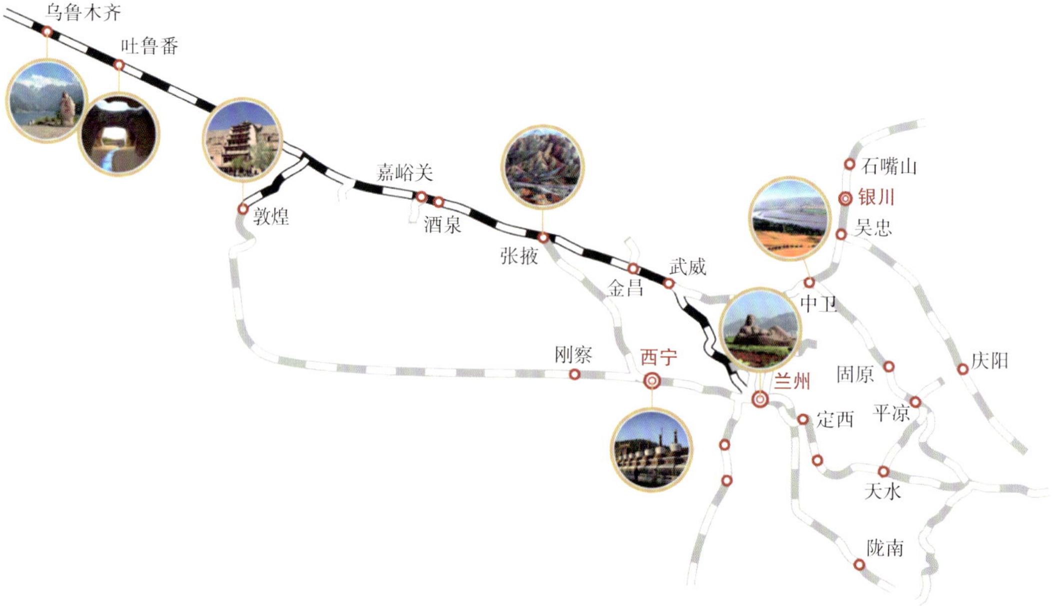

○西宁—兰州—中卫—张掖—敦煌—吐鲁番—乌鲁木齐

第一天：西宁—茶卡天空壹号景区—青海湖

早餐后前往茶卡天空壹号景区，这里是国家 4A 级旅游景区，内湖秀美，外湖壮阔，优美地呈现出茶卡盐湖的自然之美，可观盐湖湿地水天合一的壮景，让人陶醉在苍野鸟语之圣境，镜湖盐田带您领略悠久盐文化。参观结束后前往全国最大的内陆咸水湖、世界上海拔最高的湖、青藏明珠——青海湖。青海湖湖面海拔 3 260 米，是名副其实的高原湖泊，浩渺的烟波、荡漾的碧水给游客带来最强的视觉冲击和心灵震撼。最后乘车游览中国唯一自东向西的河流——倒淌河。游览结束后入住酒店休息。

第二天：互助彩虹部落土族园—黄河古镇—兰州

早餐后前往游览国家5A级旅游景区、土族民俗文化主题公园——彩虹部落土族园，这里是以青砖青瓦、砖雕木刻等形式建造的大型土族民俗文化古建筑群。景区内可以参观百年老油坊，体验土族民间土法榨油的全过程，还可以在世义德酒坊切身体验酿酒的全过程，品尝醇香的青稞美酒，除此之外还有马术俱乐部、土司府、百年老水磨、土族服饰展示馆、土族祭坛、非物质文化遗产传承保护中心、土族大牌坊、彩虹门、十八坊商业街等，游客可以尽情领略土族民俗风情和土乡文化。还可以参观藏医药展览馆，藏医药是中国医学宝库中一颗璀璨的明珠，世世代代生活在雪域高原的藏族人民在与自然和各种疾病的斗争中，积累了治疗各种疾病的经验，形成了独具特色的藏医药学体系，涌现了许多医学贤圣，丰富了藏医理论，2006年藏医药被国务院列入第一批国家级非物质文化遗产名录。参观结束后乘车返回兰州，游览黄河古镇。黄河古镇地处兰州市西固区黄河北岸，距市中心47公里，其自然形成的河口渡口，是古代黄河上游著名的四大渡口之一，素有“金城西大门”之称，在旧石器时代就有人类活动的痕迹，唐代设广武，宋代称研龙，元明称庄浪河堡，留有古代商贾码头、战略要塞、交通枢纽的遗迹，也留有辛店文化、秦汉文化、唐宋文化的痕迹，现存明清时期古民居37处。参观结束后于兰州站乘旅游专列前往中卫。

第三天：沙坡头—黄河宫—金沙岛—通湖草原

抵达中卫后乘车前往国家 5A 级旅游景区——沙坡头旅游区，这里集大漠、黄河、高山、绿洲为一体，地貌奇特，沙河相依，大漠与黄河堪称鬼斧神工，既有江南景色之秀美，又兼西北风光之雄奇，被旅游界专家称为“世界垄断性旅游资源”。随后参观黄河宫景区，黄河宫主体建筑高36.9米，采用李白“黄河之水天上来”的诗词寓意，将黄河之水凝练成水滴建筑形态，建筑内壁有人行观景坡道，中间设有电梯和80多平方米的观景台，水滴主体建筑下就是黄河博物馆。之后乘车前往金沙岛，金沙岛堪称沙中有绿、绿中有水、湖中有岛、岛中有湖，水相通、路相连、树成林、鸟成群的自然生态景区，还融入了边塞文化、大漠文化、军屯文化等，从每年的春季开始，薰衣草、菊花、郁金香、荷花等各种花卉形成一片花海。最后前往内蒙古阿拉善腾格里大漠，参观享有“沙漠伊甸园”之称的通湖草原。通湖草原是古丝绸之路北路的要塞，还保留着古代商道、盐道、大盛魁古驼道。在金沙、银湖、蓝天、白云、绿洲之间游览，流连于牧村、敖包，陶醉于奶茶、马头琴中。可以和热情的蒙古族姑娘、小伙子一起手拉手参加别开生面的篝火晚会，刻下难忘的旅行记忆。

第四天：张掖站—七彩丹霞—丹霞口旅游度假小镇

早上在中卫站乘专列前往张掖，下午抵达后乘车前往七彩丹霞。七彩丹霞是中国发育最大、最好，地貌造型最丰富的地区之一，彩色丘陵色彩之缤纷、面积之大冠绝全国。七彩丹霞以其层理交错、岩壁陡峭、气势磅礴、造型奇特、色彩斑斓而称奇，有红色、黄色、白色、绿蓝色等，色调呈现出山势起伏的波浪状，犹如斜铺的彩条布，像披上了一层红色的轻纱，熠熠发光，色彩异常艳丽，让人惊叹不已。丹霞口旅游度假小镇是电视剧《一个都不能少》的取景地之一，是剧中“石头城”的原型，也是丝绸之路上有江南风韵的综合性旅游度假小镇，步入其中，食肆酒家林立，小桥流水，篱笆阡陌，古朴典雅和清新明快融于一体，处处皆可入画。小镇集河西特色美食、精品民宿、街头氛围演艺、宋明清民俗展示于一体，带给游客别致的一站式体验。当晚乘专列前往敦煌。

第五天：敦煌站—阳关遗址—莫高窟

抵达敦煌后乘车前往阳关遗址。阳关是中国古代内陆对外交通咽喉之地，是丝绸之路向南必经的关隘，位于甘肃省敦煌市西南的古董滩附近，因坐落在玉门关之南而取名阳关，和玉门关同为当时对西域交通的门户，宋元以后随着丝绸之路的衰落，阳关也因此被逐渐废弃。阳关景区由汉唐历史遗迹、大漠自然风光以及阳关博物馆构成，极具历史文化价值，目前是中国西北地区最大的景点式遗址博物馆，可在此体验“劝君更尽一杯酒，西出阳关无故人”的豪迈情怀。离开阳关乘车前往集建筑彩塑、壁画为一体的佛教艺术宝库——莫高窟。游览结束后于敦煌站乘专列前往吐鲁番。

第六天：吐鲁番

乘车前往坎儿井，坎儿井指的是古代特殊的灌溉系统，其与万里长城、京杭大运河并称中国古代三大工程。随后游览名著《西游记》中记载的八百里火焰——火焰山，火焰山国家地质公园的所在地，位于吐鲁番盆地的北部，也是古丝绸之路北道，它见证了西域奇观，孙悟空就是在这里三借芭蕉扇。之后前往有着“千米绿色长廊”“火洲的桃花源”之称的葡萄庄园，欣赏歌舞表演，享受水果美食。最后乘车返回，入住酒店休息。

第七天：昌吉—天山天池—野马古生态园

早餐后乘车前往有着“天山明珠”美誉的天山天池风景区，在西王母与周穆王的动人传说中领略人间仙境般的瑶池胜景，乘区间车游览天池景观：石门一线、定海神针、龙潭碧月、悬泉飞瀑、南山望雪、西山观松，途经西小天池等，于天池湖畔眺望博格达雪峰、松海的秀美风光。游览结束后前往汗血马古生态园，这里拥有汗血宝马基地、普氏野马，还有野马美术馆，以及中国最大的侏罗纪远古硅化木群、千年的古胡杨林等。参观结束后乘旅游大巴车返回乌市，结束难忘的西北之旅！

抵达乌市的参考时间是 18:30 左右，离开的车次、航班时间参考 20:00 以后。

第二章

红 色 游

会宁会师楼、哈达铺、腊子口、东风革命烈士陵园等著名的革命遗迹，赋予了这片土地浓厚的革命情怀，让我们循着先烈走过的足迹，寻找那段跌宕起伏的峥嵘岁月，重温“红色”记忆，缅怀革命先烈，用新时代的磅礴力量告慰他们。

甘肃、宁夏两省区的红色文化和革命文物资源十分丰富，不断吸引着大批游客慕名而来。兰州局集团公司依托其深厚的历史底蕴和红色文化，大力发展红色旅游，将红色旅游特色文化融入“环西部火车游”旅游专列，讲好中国故事，助力地方红色文化蓬勃发展。

第一节 重走长征路 传承红色基因

一、线路行程设计

为将著名红色旅游资源和特色旅游景点完美串联，兰州局集团公司紧紧围绕甘肃省文化和旅游厅总体工作要求，积极开发红色旅游产品和线路，激发全省红色旅游市场的活力和潜力，在充分展现陇原大地的秀美山川和红色文化的独特魅力基础上，持续扩大红色文化传播，推动红色旅游融合发展，使红色文化为甘肃旅游发展赋能增彩。

“重温红色历史传承奋斗精神”红色线路行程设计如下。

第一天：兰州—哈达铺

从兰州站出发，12:05 抵达哈达铺车站，前往腊子口战役纪念馆缅怀先烈，然后乘车前往茨日那毛主席旧居参观。

第二天：哈达铺—高台

前往俄界会议旧址重温入党誓词、缅怀先烈，后乘车前往哈达铺镇参观红军老街，19:05 再由哈达铺前往高台，沿途在兰州、武威、金昌、山丹、张掖等车站停靠。

第三天：高台—兰州

6:30 到达高台站，随后游客们前往高台老城参观学习并上一堂微党课。22:10 由高台站返回兰州站。

经典红色旅游线路，充分利用爱国主义教育基地哈达铺红军长征纪念馆的珍贵红色资源，体验红色之旅、信仰之旅，让游客在红色文化和红色体验中，铭记光辉历史、传承红色基因、牢记初心使命，进一步为甘肃红色旅游发展注入新活力。

二、列车打造

为方便广大游客开展红色主题旅游，兰州局集团公司特将 4 辆优质软座车厢调配用于该趟红色旅游专列，充分结合甘肃沿线红色景点、红色元素，对全车的车厢内部、车体外观进行升级改造，确保专列的硬件设施焕新“泛红”。

兰州局集团公司将车厢打造成“流动的红色课堂”，内设红色教育书吧、革命老区帮扶产品展示馆、红色教育会议室等，组织游客在车厢内开展重温一遍入党誓词、学习一篇中共党史、聆听一堂党课、宣讲一个红色故事、学唱一首红色歌曲、回味一顿红军餐、组织一场“颂党情感党恩”交流活动——“七个一”系列红色主题活动，实现了车行千里、寓学于途。

为方便游客重温红色历史、追忆峥嵘岁月、弘扬长征精神，“会议主题”车厢内充满红色主题元素。游客上车后，看着车厢的内部装饰，瞬间就能被激发起浓浓的爱党爱国情怀。车厢内设置会议区和休息区两个不同的区域，以满足各个单位或不同群体上党课、开展团建、茶歇等多方面的需求。

软卧车厢侧壁板全部采用甘肃省内红色文化元素打造，以清新简约为主要设计风格，以线条、大色块、中国风作为主要设计元素，以甘肃省内红色景点、红色故事等讲解图示作为装饰图案，充分展

示红军长征在甘肃留下的红色印记。

○书吧——人民群众追寻革命足迹、学习革命历史的移动图书馆

○餐车——革命老区帮扶产品展示馆

○列车乘务员——选拔政治过硬的共青团员和优秀党员

三、专列行程

“三区三州·红色旅游专列”从甘肃省会兰州发车，开往甘南、陇南，随后来到河西地区，最终返回兰州。

“三区三州·红色旅游专列”全程提供温馨服务，列车工作人员将“细心、耐心、热心”作为服务标准，用责任和担当践行“一路相伴、温情守候”的服务理念。乘务人员全程细心调整车内温度，耐心优化广播程序，热心询问旅客需求，认真做好始发、途中、折返、终到卫生保洁工作，全力为旅客营造温馨、舒适、整洁的车内环境，让旅客感到宾至如归。

“三区三州”旅游大环线划分为：北段—西段（丝路文化精品线）线路以兰州为起点，穿越河西走廊，经过祁连山、天山、昆仑山，途经准噶尔盆地、塔里木盆地、塔克拉玛干沙漠，抵达喀什；东段（大香格里拉人间乐土线）线路从昆明出发，经大香格里拉核心区域东部，沿成昆线、宝成线和兰渝线一路北上，贯穿四川全境，抵达甘肃兰州；东南段（茶马古道寻踪线）线路起于拉萨，主要依托滇藏线，跨越喜马拉雅山脉、横断山脉、念青唐古拉山脉；南段（边境极限探险线）线路始于喀什，途经叶城、和田、日喀则，终点拉萨。

“环西部火车游”是激活旅游经济、促进人文交流的平台，为此，2019 年 12 月文化和旅游部资源开发司与兰州局集团公司合作开行“三区三州·旅游大环线专列”。“三区三州·旅游大环线专列”的开行，将分布于“三区三州”铁路沿线的丰富旅游资源串联在一起，带给游客更加快捷舒适的旅游体验，从而进一步推动“三区三州”旅游向纵深发展。

"三区三州·旅游大环线专列"首发仪式
2019年12月21日

花儿临夏
在河之州

三区三州

三区三州
鸡蛋皮核桃

第二节 革命福地哈达铺 三军过后尽开颜

清晨 8:48，按照既定的旅游线路，我们在兰州站乘坐“绿巨人”动车前往中国历史文化名镇哈达铺和具有“天险”之称的腊子口，去探寻红军长征的足迹，体验一次期盼已久的红色文化之旅。

不到两个小时的车程，动车便抵达了哈达铺。这里平均海拔 2 000 米以上，风轻日暖，天高云淡，环绕的梯田像腾起的浪花，哈达铺镇好似一叶扁舟，停泊在宕昌县秀丽的群山里。

哈达铺是红军队伍的重要整编地。中央决定在哈达铺镇成立的陕甘支队是红军长征中一次重要的部队大整编，也是中央对经过千锤百炼的红军骨干力量的一次整合。

哈达铺也是红军长征途中的重要补给站。红军经过在哈达铺的休整补给，体力得以恢复，战斗力得以提升，重新振奋精神、昂扬斗志，为北上抗日奠定了坚实的基础。哈达铺是中国革命的一块福地，是长征“命运交响乐”中最明快的乐章。

今天我将沿着先辈们的红色足迹，去追忆那段跌宕起伏的革命历史，从红军战士身上汲取那一份磅礴力量。

哈达铺的街道上车水马龙，熙熙攘攘，好不热闹，洋溢着幸福祥和的气氛。火车站西北方向约 2 公里便是哈达铺红军长征纪念馆，步行前往即可。

哈达铺红军长征纪念馆免费对外开放。进入纪念馆广场，正前方的雕塑从左到右，从大到小三面红旗，分别代表红一、二、四方面军。屋顶的造型别具特色，红墙白顶，屋脊下沉，两边翘起。

进入纪念馆内，从内容组织到布展设计，都十分用心，其中最让人印象深刻的便是毛主席在关帝庙内召开会议的情景。这里还原了当年会议的情景，通过 3D 影像的形式重现，我坐在长条凳上，仿佛回到 1935 年 9 月这场关于“落脚陕北”的重大决策会议现场，感受到了伟人和先辈们炙热的爱国情怀和革命情怀。

据导游介绍，近年来随着红色旅游升温，哈达铺红军长征纪念

馆参观人数不断增多，尤其是 2017 年兰渝铁路修通之后，客流量成倍增长。红军在哈达铺的驻留为这座历史古镇留下了丰富的革命遗迹和感人的红色故事，如今这些丰厚红色底蕴正变成促进哈达铺发展的最强动力。长征“加油站”——哈达铺已成为干部群众传承红色文化、接受爱国主义教育的基地。

走出纪念馆，远处牌楼上金碧辉煌的“红军门”三个字在赭红色衬托下，显得光彩照人。两旁一座座老房子成为了历史的见证者，经过岁月洗礼，脸上刻出一道道深深的皱纹。曾经的烽火硝烟，远去还不到百年，而现如今已是山河无恙，烟火寻常。

踏入红军门，时间恍惚倒流。1935 年 9 月 18 日，这座静谧小镇

迎来一群独特的访客，村民透过窗户仔细打量这支叫作红军的队伍。透过一簇簇闪耀的火把他们发现眼前的场面和想象是那样不同，这帮来客骨瘦如柴、衣衫褴褛，却又是那样井然有序，村民们无法想象正是眼前这些看上去像“叫花子”一样的人，几天前在腊子口打败了装备精良的国民党军。这支队伍沿着道路两旁的墙壁与草垛缓缓驻扎，尽力避免惊扰村民，他们以天为被，以地为席，是那样的悄无声息，就像 9 月 18 日这个小镇的夜晚一样宁静。

这条一千二百多米的上下街，现如今仍然保留着当年红军经过的样子，街道两旁的墙面上红军留下的宣传标语依稀可见。义和昌药铺曾是毛主席的居所，翠绿的苔藓沿小路错落有致，几步开外的三棵同心树根如蟠龙，红军北上后它们紧密相拥，似乎预示着不久后三大主力胜利会师。屋内布置简约而实用，全部复刻了当年的摆放，在这里留下了毛主席运筹“到陕北去”的重大历史决策，谱写了“更喜岷山千里雪，三军过后尽开颜”的精彩华章，这是属于那个时代历经磨难的苦难诗篇。

正午的暖阳穿过这条老街，街两旁铺面中飘来不同食材的香味，在这条老街上，经久弥漫着有关于红军记忆的气息。白寿之年的周尚仁依旧精神矍铄，他家世代居住于街旁的老宅中，红军来时他只有十二岁，时过境迁，他却依然记得那天早晨跟着爷爷挑着担子去卖凉粉的经历。当年爷爷做的凉粉既实惠又好吃，特别受红军战士欢迎，一扁担凉粉不到中午便卖完了。从此凉粉就成了传家宝，如今周尚仁把做凉粉的手艺又传给了他的孙子，他说这碗凉粉承载着红色的记忆，要世世代代传承下去。

哈达铺的美食是中国人与众不同的烹调技艺的缩影。从饱满的一串稻穗到五花八门的精致主食，是辛勤劳动、岁月积累的结晶，不管有多少菜肴，主食永远是中国人餐桌上的主角。红军锅盔是最具代表性的独特主食，因形似头盔而得名，朴实的人们后将红军八角帽融入其外形中，改名为红军锅盔。锅盔由火炉烧制而成，轻咬一口香甜可口，回味悠长。

午饭主要是品尝当地的特色美食，其中就有当地盛名已久的红军凉粉和红军锅盔。下午的行程是乘坐大巴车前往甘南藏族自治州迭部县腊子口，旅游管家介绍迭部县的风土人情后，便为游客播放了红军过哈达铺的系列纪录片，纪录片生动展示了当年红军经过哈达铺时的景象。

眨眼工夫，大巴车抵达了甘南迭部县域内岷山山脉一处隘口，公路旁整齐地停放着各样的私家车，前来参观的游客络绎不绝，此处正是腊子口。“腊子”藏语中为“山脊山青”，加一“口”字，藏汉和音为山脊上的口子。谷底奔腾咆哮的激流，震彻山谷，岸边挺拔的苍松劲柏被满河洁白浪花映得苍翠欲滴，激流名为腊子河。

醒目的纪念碑庄严耸立于高大的山间，猛抬头，山峰如利斧般插进上空的云彩，给天空劈开一条狭窄天路；有这样的山，路才叫崎岖，有这样的路，山才叫屹立。在这样的山地间行走，山路变成了天路；在这样的山地间行走，天路也变成山路。脚下踏着的无疑是马革裹尸、血染山河的土地，耳边呼啸的无疑是弹雨枪林、号角连天的呐喊。顿然，“一夫当关，万夫莫开”的险要霸气充实了原本空荡的山间。

绕过纪念碑沿着河边栈道继续向前行走，远处一座木桥横架于两山间，是渡河的咽喉要道，对岸那座易守难攻的碉堡工事与山连在一起，深深地镶嵌在泥土中。当年那场生死攸关，战火弥漫的战斗，在现在都无法想象其艰难，山谷寂静，唯有轰鸣的河水，突然传来的一两声鸟鸣，都让人心惊肉跳。

《长征组歌》中传唱道：“腊子口上降神兵，百丈悬崖当云梯。”面对进退两难的局面，先辈们召开了全体官兵大会，会议之中，说到攀登的困难时，一位勇敢的小战士举手站了起来，用不太熟练的汉语说：“我能用钩子攀上去，等我上去了扔下绳子，大家就都能上去了。”趁着夜色，这位苗族小战士仅凭一根带着铁钩的竹竿，飞檐走壁登上敌人后方的悬崖。随着三发信号弹的升空，一时间山前山后四面枪炮声震耳欲聋，小战士将手榴弹扔入山下碉堡，“杀”声冲锋号角声响彻山谷，此刻天已破晓，红军攻破天险腊子口！两万五千里征程上，这场意义重大、艰难重重的战役，被永久地保留在这里每一寸土地上，我们不记得那位苗族小战士叫什么名字，只记得他生在云南，随母亲在贵州乞讨为生，母亲去世后，他参加了红军，后随红军到达四川，足迹分布在云、贵、川，所以大家都叫他“云贵川”，攻破腊子口时，他才16岁。

在腊子口参观结束后已经接近黄昏，我们将返回哈达铺乘坐晚间动车返回兰州。回到大巴车上，贴心的旅游管家已将可口的晚餐打包好，提前放在了座位的小桌板上。我们乘着返回兰州的“绿巨人”动车，结束了这一天短暂且难忘的红色之旅。

第三节　追寻红色火种　感受铁疗温泉

清晨，我们在兰州站乘坐T6608次列车，不到三个小时的车程就抵达了此次的目的地——武山。

武山县是一片红色的热土，有光荣的革命传统和丰富的党史资源。中国工农红军长征是历史上前所未有的伟大创举，是中国革命斗争史上气壮山河的英雄史诗。1935年9月至1936年10月，毛泽东、周恩来、朱德等老一辈无产阶级革命家率领中国工农红军第一、二、四方面军主力部队先后三次经过武山，活动时间长达50多天，播下了革命火种，留下了无数镌刻着共产党人光辉足迹的红色遗迹。

下车后换乘专用大巴车前往第一个红色旅游景点，红一方面军长征强渡渭河纪念碑。

川流不息的渭河，自西向东奔流经过武山县城，像一位慈祥的母亲，数千年来哺育着她的儿女，也传颂着河畔发生过的红色故事。

大巴车缓缓停靠在武山县鸳鸯镇鸳鸯村渭河大桥南端的桥头，只见桥头旁边静静矗立着一座用红色花岗岩建造而成的高大纪念碑——红一方面军长征强渡渭河纪念碑。

雄伟的纪念碑见证着红军长征中一个个耀眼的奇迹。碑体呈四棱柱状，通体为红色花岗岩，下大上小，顶部饰一红色五角星，显得璀璨夺目，下部建有围栏、台阶，并铺设红色花岗岩石板。走近纪念碑，看见了遒劲有力的篆刻碑文：“红一方面军长征强渡渭河纪念碑”，上款“公元一九三五年九月廿五日”，下款“武山县人民政府　二零零二年八月一日”。

纪念碑旁，松柏挺拔。我站在庄严肃穆的纪念碑前，仍能感受到红军长征精神的浩气。那段历史值得我们永远铭记，在1935年，中国工农红军以坚定的革命信念和大无畏的英雄气概，强渡渭河，进军榜罗镇，最终到达陕北，为取得伟大的万里长征胜利，扫清了蒋介石反动派依托大河所构筑的最后一道封锁线，开创了中国革命胜利发展的新局面。

随后，我们来到了红军长征强渡渭河纪念馆。纪念馆位于渭北新区武山县群众文化活动中心，是红色旅游经典景区、爱国主义教育基地，于2012年9月建成开馆并免费开放。纪念馆展出各种图片100余幅、革命历史文物20余件。

1935 年 9 月 25 日，毛泽东率领的中央红军陕甘支队（红一方面军）跨越龙川河进入武山境内，途经苗丰、杨坪、王家门、付家门，到达鸳鸯镇丁家门。26 日拂晓，部队离开丁家门，沿榜沙河向北挺进，越过支锅石峡到达渭河之滨的鸳鸯镇，兵分两路纵队强渡渭河，武山、漳县守敌闻讯赶到，两岸枪声齐鸣，机枪、迫击炮一齐开火，红军立即投入战斗，击退敌人阻击，从容不迫地上了北山。漳武两翼的敌人既不敢两面夹击，也不敢乘夜袭击。红军行程三十余里，于当日晚，到达费家山、水家沟一带，露天宿营一夜。

从博物馆出来已临近中午，我们乘车前往温泉镇洛门铁疗温泉享用美味的午餐。14:30，前往参观武山东梁渠渠首和草川草原。

东梁渠渠首位于温泉镇聂河村，远远便看见峭拔的石山，盎然的丛林，东梁水在高山上蜿蜒飞渡，气势磅礴。

1956 年，勤劳智慧的武山人民艰苦奋斗，自力更生，用双手建造出新中国成立后天水第一个引水上山工程。在东梁渠的修建过程中，采用草皮裹石头堵流沙，柳条编筐装石头过滤泥土等“土办法”，防滑坡渗漏和流沙坍塌。在没有专业设计师，没有钢筋混凝土的情况下，集中二十三个木工，横空架设了高 23 米、宽 22 米的黑沟大渡槽。为合理利用水资源，更是因地制宜，创造了“长藤结瓜”“白马分鬃”等山地灌溉经验。

活水一渠滋润一方。绵延 36 公里，跨越 24 条深沟，穿过 4 座树林，越过 100 多米悬崖峭壁的东梁渠创造出了人间奇迹，轰动了国内外，被时任水利部副部长何基沣称为“全国引水上山工程的典范”，被树为全国引水上山、农田水利建设的一面旗帜，据说河南红旗渠即是受武山东梁渠的启发而修建的。

沿着聂河逆流而上，便来到了聂河的发源地——草川大草原。七月流火，八月未央。在这草川大草原上，觅一处清凉，让炎热浮躁的身心得到短暂的憩息。万亩草原，绿波延绵起伏，天高云淡，空气洁净。春、夏、秋三季，鸟语花香，绿垠无限，凉爽宜人，是优良的夏季牧场，更是炎热夏季的避暑胜地。

我站在山顶远远望去，一川草色青袅袅，湛蓝的天空白云悠悠，五颜六色的野花随风飘曳，马儿肆意奔跑，形成了“天空澄碧云做伴，风吹草低马相陪”的风景画卷，游走在草川大草原，人和大自然无限亲近，令人心旷神怡，流连忘返。

16:30，我们从草川大草原返回到洛门铁疗温泉，忙碌又紧凑的行程安排告一段落。下午的时光，自由而惬意，终于有时间四处看看了。

这是第二站，也是有红色历史的地方，甘肃兰铁国际旅行社有限公司（以下简称兰铁国旅公司）洛门分公司（原兰州铁路局洛门疗养院）坐落于甘肃省东南部的武山县温泉乡境内，距武山火车站35公里，1958年建成开院。占地面积139.2亩，其中山林面积80余亩。建筑面积1.3万平方米，主要有用于接待的1、2、3、4号住宿楼，共有客房116间、床位252张；用于温泉水健康理疗的水疗楼、游泳馆、汤泉泡浴各1座；有200个餐位的餐厅一个；可容纳150人的会议室一间。疗养院温泉水水质清澈透明，含有钙、钠、钾、锂、锌和铝等32种矿物质和多种微量元素，其特点是低硫高氡，按我国医疗矿泉分类，属重碳酸盐氡泉，具有极高的医疗价值，是不可多得的优质矿泉水，具有医疗保健功能。最初建院的性质为志愿军疗养医院，主要是为从抗美援朝战场上伤退的人民志愿军提供疗养服务，帮助其康复，现在演变为一所集疗养度假、治疗康复、会议培训、旅游休闲为一体的综合性休养中心。

疗养区东南西三面群山环绕，安静幽雅，空气洁净，没有人群的嘈杂和车流的喧嚣。每逢春、夏、秋季，鸟语花香，气候宜人，是疗养康复的最佳期，省内的游客都会慕名而来，或自驾，或乘坐火车。

疗养康复区的布局依自然地形设计，呈南北长廊式分布，其位置错落有致，所有建筑古朴、典雅，与疗养地自然景致融为一体，给人以浓郁的乡土气息。新型疗养院氡泉水疗楼在温泉水池塘中亭亭玉立，把疗养地装点得更富有魅力和新意，给人以强烈的时代感。

我在疗养院内散步，不知不觉就到了温泉池旁，素闻武山温泉有“西北第一泉”的美誉。

我迫不及待地换好衣服，走到温泉池旁，温泉水质清澈透明，我慢慢伸出脚去试水温，脚面完全没入池中，顿感一阵暖意袭来。

原来这水温常年在38摄氏度至45摄氏度之间，与人体体温相差不大，浴时有润滑舒适感，是最适合泡温泉的。

不远处还有国内外稀有的氡型碳酸氢钠复合温泉，富含碳酸氢钠、钡、钼、锂、硅、锶、钾、钙等，是国内外少有的复合型医用矿泉水之一，适合辅助性治疗各种皮肤病、心血管病、运动系统疾病、神经紧张症、风湿病和各种功能障碍疾病，能增强抵抗力，对人体代谢、免疫系统都有重要生物学作用。

晚餐是在疗养院用的，这里主打的是西北菜，最有特色的要数兰州烩菜了。

快乐的时光总是过得飞快，天色悄悄暗了下来，我依依不舍地从温泉出来，用完晚餐便回到客房休息，沐浴温泉的舒适欢愉仍然萦绕心头，久久不能散去。第二天，我早早去看日出，山中的日出是最好看的。

早餐后，8:00，所有游客在大巴车处集中后前往洛门站乘车返回兰州，为期两天的红色武山之旅落下帷幕。

洛门铁疗其他旅游线路：

洛门铁疗还开辟了榜罗镇会议纪念馆线路，从疗养院出发大约65公里，一个半小时就可以到达。

1935年9月26日，中共中央及红军领导人毛泽东、周恩来等同志率领中国工农红军第一方面军长征抵达榜罗镇，并于27日在榜罗

小学召开了中共中央政治局常委会议，史称“榜罗镇会议”。会议改变了俄界会议制定的在接近苏联地区创建革命根据地的既定方针，正式作出将红军长征的落脚点放到陕北、以陕北为大本营领导中国革命的重大决定，对中国革命的发展产生了极为重要的影响。9 月 28 日凌晨，陕甘支队在榜罗小学门前打麦场上的核桃树下召开了连以上军政干部千人大会，毛泽东同志作了形势报告，阐述了北上抗日的伟大意义，提出了尽快到达陕北苏区的行动方针。1936 年 9 月，由贺龙、萧克、任弼时、关向应等率领的中国工农红军第二方面军和第四方面军先遣部队也先后进入榜罗镇，并在当地留宿。从此，红军挺进陕北、转战全国，不断走向胜利。“榜罗镇会议”因其在中国革命史上的重要地位而彪炳史册。

第四节　追循红色足迹　探寻南梁精神

历时五年的建设，银西高铁于 2020 年 12 月 26 日正式开通。高铁宛如一条金色的巨龙，将关中城市群、陇东地区以及宁夏沿黄河城市群三大区域连接起来。自此甘肃省唯一的革命老区庆阳市结束了没有高铁的历史，成为全国高速铁路网的一部分。

庆阳市革命历史悠久，被誉为“永远的红区”，老一辈无产阶级革命家在此创建了以南梁为中心的陕甘边革命根据地。我们乘坐银西高铁，穿行在黄土高原的重重沟壑中，一路飞驰向前。

抵达的第一天，我们首先前往南梁革命纪念馆。纪念馆位于华池县南梁镇，这里靠近子午岭北端，植被茂密，气候适宜，景色迷人。“两点一存”主题文化广场上，肃穆庄严的雕塑群再现了长征中血战湘江、飞夺泸定桥、巧渡金沙江、遵义会议、爬雪山过草地、翻越六盘山、会宁大会师、陕甘军民喜迎红军等历史场景，让人仿佛置身于那段艰苦卓绝的难忘岁月中。

我们站在镶嵌着党徽的序厅圆形穹顶中央，面对鲜红的党旗和五位伟人雕像，举起右拳重温入党誓词。那一刻，我们浑身热血沸腾。随后我们跟随讲解员进一步参观南梁革命纪念馆，在这里我们回顾了老一辈无产阶级革命家在陕甘边一带的革命战斗历程，感受了革命根据地创建之艰辛不易，展览台上陈列着许多革命文物，有红二十六军用过的军帽、马镫、军刀、军号等，这些饱经沧桑的革命文物也见证了那段艰难的革命岁月。

“1929 年底，刘志丹、谢子长等老一辈无产阶级革命家在陕甘边一带宣传革命真理，开展武装斗争，在华池南梁一带战斗生活过。他们先后组建了中国工农红军陕甘游击队、中国工农红军第二十六军。”听着讲解员诉说着这些革命先辈的光荣事迹，我们内心的崇敬油然而生，等再看到先烈的画像和照片时，不禁惊叹这些一个个前赴后继的陕甘地区革命领导人竟都是意气风发的翩翩少年。

离开纪念馆我们来到了陕甘边区第一所红色学校——列宁小学。

从拱形朱漆大门步入校园，最先映入眼帘的是一座汉白玉人物雕像，这座雕像描绘的便是青年女教师张景文，雕像后方的石阶通向列宁小学旧址。这里的每一节台阶，似乎都诉说着那段战火硝烟的历史。继列宁小学后，陕北公学、抗日军政大学、鲁迅艺术学院等培养人才的学校，都在这片昔日贫瘠冷清的土地上，如雨后春笋般涌现。

最后我们前往大凤川军民大生产基地。在二十世纪四十年代，日本侵略者和国民党顽固派加紧了对陕甘宁边区的经济封锁，毛主席提出“自己动手，丰衣足食”的号召和“发展经济，保障供给”的方针，在陕甘宁边区开展了一场轰轰烈烈的军民大生产运动。《军民大生产》的歌曲就是当时在军民热火朝天的劳动场面下所创作的。

第一天的行程结束后我们返回庆阳，傍晚来到药王洞村的养生小镇，尝陇东美食，观乡村夜景。药王洞养生小镇植根于黄土中，却孕育着恰到好处的闲适与惬意，行走在这里，放慢匆忙的脚步，任由时间慢慢流淌。

第二天我们再次踏上红色之旅，前往山城堡战役纪念馆。山城堡战役是中国红军长征的最后一战，也是第二次国内革命战争最后一战。这次战役的胜利，对巩固陕甘苏区，促进抗日民族统一战线形成起到了重要作用。

1936年11月，山城堡战役打响，红军在干旱少雨、气候干燥的山城堡，饮水成了最大的问题。当年红军进入山城堡后，因河水苦咸无法饮用，在当地群众的引导下，红军战士来到李井子组的甜水泉边，依次排队喝水，战斗胜利后，这眼泉被当地群众亲切地称为“红军泉”。

走进环县山城堡战役纪念馆，红军战士英勇作战的雕塑屹立其中，听着讲解员的解说，这幅波澜壮阔的历史画卷在我们眼前缓缓展开。“顶天地，志凌云。山城堡，军威振。夜色朦胧群山隐，三军奋勇杀敌人。火光万道迎空舞，霹雳一声动地鸣。”山城堡战役是军民团结谱写的一部气势磅礴的英雄华章，更是革命先烈用鲜血和生命镌刻的不朽丰碑。

第三章

研　学　游

铁路客运专列产品一直以其大规模、适合团体游的特点，成为研学游最适合的出行方式。自教育部门2016年相继下发各类研学旅行要求以来，研学旅行已成为学校课程的一部分，这为研学旅行带来了新的发展机遇。

甘肃省研学旅游资源较为丰富，兰州局集团公司充分发挥铁路行业“安全、快捷、舒适”的运输资源优势，从研学市场着手，开发的“环西部火车游·美丽铁路研学专列”系列产品，将带着大家感受全国首趟“环西部火车游·美丽铁路研学专列”以及热门的“亲子研学”之旅，实现在读书中感知世界的博大，在行路中体会人生的精深，在研学专列上日行千里，读书万卷，去探索不一样的美好。

第一节　美丽研学之旅

“读万卷书，行万里路。”中小学生需要走出课堂、走出学校、走向祖国的大好河山，去开阔眼界、拓展思维、了解世界。兰州局集团公司根据学段特点和地域特色，开发研学旅行特色产品，让同学们带着对未来的美好畅想，从金城兰州出发，乘坐美丽研学专列，途经铁路沿线城市，感受大国之重器，丝路之辉煌，一路探究“西襟锁钥”嘉峪关、塞上江南金张掖、文化集汇地敦煌，观大漠奇景，游文化圣地。新丝路的一切离不开中国铁路，乘坐科技时光机，跨越历史的长河，来到神秘发射中心，参观学习先进光伏发电技术，一路从中国最伟大的走廊——河西走廊走过，在心中埋下小小的铁路种子。

本次研学旅行以“重走丝路”为主题，聚焦为学生打开眼界，打破以往活动中“游而不学”“学而不游”的局面，精心挑选贴近学生和实际生活的旅游景点，让学生知行合一，行有所获。在丝路重镇，领略大漠风光的同时，深入感受丝绸之路的文化；在旧时关城，踏上嘉峪关城楼，了解边关人文历史和长城文化；在张掖丹霞地质公园，身临丹霞胜境，学习考察神秘的丹霞地貌，感受大自然的鬼斧神工，聆听七彩丹霞背后动人的传说；在中华孔雀苑，在大自然中学习，丰富生物知识，唤起保护自然的意识。

研学旅行带领学生学习丝路文化与现代科技的同时，穿插与铁路有关的知识，让学生在路途中自然地了解铁路文化，引导学生燃起心中的“铁路梦”。

此次合作的学校是甘肃省内第一所开展研学旅行活动的学校，共计500名学生参加研学旅行活动。为开行好此趟研学专列，给这些特殊的小旅客提供温馨细致的服务，兰州局集团公司统筹运输组织工作，安排兰铁国旅公司提前与学校对接策划研学活动方案，了解研学人数、参观路线、时间安排，及时协调列车开行事宜；在开行前同学校一起对研学旅行工作进行了实地考察，在关键环节加大宣传引导，认真组织学生安全乘降，确保孩子们平安有序出行。

本次主题研学旅行，从黄河之都金城兰州出发，前往张掖、酒泉、嘉峪关、敦煌等河西重镇，共计六天35个学时。列车设计编组8节，搭乘500名学生。研学旅行中的用房、用车、用餐、景区服务等均分派专人负责。同时，在途经火车站为此趟研学专列开辟专属通道、候车厅，专列精心挑选11名优秀乘务人员组成乘务班组，为小旅客们提供管家式服务。学校安排每40名学生配备研学辅导员2名、导师1名，在车上负责整体课程教学，并与学生进行亲密互动。

温馨提示：

准备雨衣或雨伞、运动鞋、感冒药、肠胃药、防晒霜、太阳帽、太阳镜等。

1. 研学第一天

当日17:00，兰州火车站举行开班仪式，随着学校校长大声宣布“环西部火车游·美丽铁路研学专列正式启程！”学校的孩子们排着整齐的队伍，在学校老师、站区公安及工作人员的引导下，分班级、分批次，排队有序进站。每个班级的孩子们都昂首挺胸，认真听老师指挥，按要求站在各自的方阵中，各个身着旅行社统一发放的服装，背着小书包，兴高采烈地经过安检，进入站内。

在一声悠扬的汽笛声中，研学专列载着师生们开启了此次欢乐的“寻梦丝绸之路　醉美河西走廊”之旅。为丰富研学活动内容，学校联合铁路部门将“教室”搬到了列车上，辅导员、乘务员、研学老师在车上精心为孩子们准备了一堂生动有趣的安全教育课，详细讲解铁路安全“十不准”、安全小故事、外出人身安全和突发情况应急处置办法等，让学生深刻认识到外出时自身安全的重要性，懂得保护好自己。

2. 研学第二天

清晨六点半，专列安全抵达张掖站，同学们按次序下车、集合、点名、入住酒店，用餐后在停车场集合，乘坐大巴前往七彩丹霞。

进入七彩丹霞景区后，同学们用课本中学到的地理知识，去考

察神秘丹霞地貌，观察并学习为什么七彩丹霞会呈现出如此绚丽多姿的色彩。在自由活动期间，大家依次模仿电影中的经典画面，选择合适角度拍摄照片，在欢声笑语中看看谁是最佳模仿达人。

结束丹霞之行后，同学们乘车返回市区用餐，之后乘坐专列前往嘉峪关。在研学专列上，孩子们都安静地躺在自己的床铺上，一起跟随广播中播放的“新丝路铁路建造历程”在丝路列车上实地感受新丝路铁路发展。

到达嘉峪关后，同学们迫不及待地前往嘉峪关城楼，用脚步丈量中国长城三大奇观之一的嘉峪关关城，了解其在古代军事活动中所发挥的重要防御作用。同学们围着讲述嘉峪关关城传说的工作人员，每个人都听得津津有味，将所见所闻与书本上的语文、地理和历史知识结合了起来，对长城文化有了更深入的了解，也丰富了自己的丝路文化知识。

课程结束后前往中华孔雀苑。中华孔雀苑是中国最大的蓝孔雀主题公园，以蓝孔雀文化为主，占地面积20多万平方米，集旅游观光、休闲度假、蓝孔雀种群繁育、规模养殖于一体。景区饲养各类蓝孔雀约3万只，是一个繁盛的蓝孔雀种场，已成为丝绸之路和嘉峪关旅游的亮点和优秀景点。

中华孔雀苑不仅是一个观光景点，更是一个餐饮休闲的地方。景区内设有大型生态孔雀观赏、甘肃特色文化餐饮、古味茶社、休闲居所、小剧场、艺术会所、红酒廊等七大休闲区域，游客可以一边休闲度假，一边观赏孔雀，同时品尝美味的食物、享受艺术。公园里的餐馆还提供独特的甘肃菜和孔雀蛋。

3. 研学第三天

中国航天，筑梦九天。今天的行程安排是参观酒泉卫星发射基地，汽车在去往酒泉卫星发射基地的路上疾驰，远远就能看到运载火箭的铁路专运线路。它就是通往中国酒泉卫星发射中心的航天铁路。

酒泉卫星发射基地位于巴丹吉林沙漠深处，火箭出厂后，会先由铁路运至发射基地的技术厂房，然后再由公路短途运输至发射场进行发射。在车上，同学们认真听老师讲解铁路的发展对祖国航天事业作出的重大贡献，以及我国航天事业从无到有、由弱到强的伟大发展历程。

到达基地后，老师和讲解员介绍了火箭发射及不同阶段火箭的技术原理、承载运送的卫星以及火箭的命名。参观酒泉卫星发射基地的经历无疑给孩子们的心灵种下航天梦的种子。

感受过祖国高精尖的科技成果后，孩子们意犹未尽地乘坐大巴车返回嘉峪关，乘专列前往文化圣地敦煌。虽然旅途奔波劳累，但是孩子们纷纷自行拿出笔记本，把沿途的见闻用手中的笔记录了下来，这一路上丰富的感受是他们最宝贵的财富。

傍晚，列车到达敦煌站，下车后便进入附近的宾馆，准备美美休息一场，精神饱满地继续之后的学习。

酒额铁路旅游路线：

2021 年 12 月 26 日，穿越巴丹吉林沙漠腹地的酒（酒泉）额（额济纳）铁路酒泉至东风南站段完成升级改造，正式开通运营。目前兰州西—东风南，嘉峪关—东风南隔日运行列车，酒额铁路开通运营，为游客领略大漠风光、感受航天文化带来了便利。

该铁路线沿酒泉绿洲、弱水河畔由南向北经过绿洲、沙漠、戈壁等景观。

黑河流经青海、甘肃、内蒙古三省区，最终汇入巴丹吉林沙漠西北缘的两片戈壁洼地，形成东、西两大湖泊，总称居延海。

历史上居延海水域辽阔，总面积300多平方公里，周围胡杨遍地，林草丰美，依托黑河干流和居延海形成的额济纳绿洲曾是西北边疆一道天然的绿色屏障。唐代诗人王维的著名诗篇《使至塞上》就是在前往视察居延海戍边军情途中写的，其中“大漠孤烟直，长河落日圆”的名句流传千古。

4. 研学第四天

清晨的第一缕阳光照进窗台，新一天的课程开始啦。早上参观沙漠奇观——鸣沙山月牙泉。在鸣沙山可以考察地理奇观，探究月牙泉的形成原因，探寻月牙泉的“四奇三宝”，还可以在月牙泉畔采集五色沙。

下午我们来到美丽的绿洲农业园，在这里了解戈壁绿洲农业发展情况，体验别样农家风情。还参观了光伏发电产业园，了解了敦煌光伏发电产业发展，同学们饶有兴趣地讨论学习光伏发电原理。

晚上沙漠露营，首先需要同学们亲自动手扎帐篷，锻炼野外生存能力，独具特色的沙漠火锅也让同学们大饱口福。

当然篝火晚会是不可或缺的，同学们围坐在篝火边，结合此次研学旅行之前的课程争先恐后地谈论自己的感想。课程结束后，再体验一场大漠观星盛宴，初探天文学的魅力，向最亮的北极星许下美好心愿。

5. 研学第五天

今天课程的主题是敦煌文化，首先同学们参观了敦煌博物馆，在讲解员的讲解下了解敦煌悠久的历史文化，了解绚烂的敦煌学。接下来，参观人类艺术的圣地莫高窟，到莫高窟数字影厅观看 3D 球幕电影，通过现代科技全面了解敦煌莫高窟。同学们跟随讲解员走进莫高窟，感受千年莫高的辉煌，在这世界的文化殿堂中，感受古人精妙绝伦的创作和无限的智慧。

从莫高窟出来，此次的研学旅行也已经接近尾声，大家登上专列返回兰州，在回程的列车上，同学们自由讨论铁路给敦煌乃至丝绸之路带来的发展和变化，并对当地的旅游经济发展与建设提出自己的见解。

温馨提示：

1. 敦煌气候相对于兰州更为干燥，应当及时补充水分，保持身体处于良好状态。

2. 由于地域辽阔，有些景点之间车程较长，请同学们注意休息，以充足的体力参加旅游活动。

3. 行程中有大量的体力活动，过程中请根据自身的情况量力而行，如有不适请立即反馈给研学导师。

4. 文明出行，请勿将随身垃圾随意丢弃，建议同学们携带小垃圾袋将垃圾打包带走，保护自然环境。

6. 研学第六天

清晨，同学们回到了本次研学旅行的起点城市兰州，出站后乘车前往兰州交通大学。在食堂体验完美味的大学午餐后，老师引导同学们走进大学课堂，了解兰州交通大学校史，了解大学各学科分类，同时由专业老师为同学们答疑解惑，让每一位同学可以根据自身的擅长学科和从业志向，选择适合自己的专业。

最后，同学们回顾了此次“环西部火车游”美丽铁路研学之旅，在欢声笑语中畅谈。

“环西部火车游”美丽铁路研学旅行圆满结束！

第二节　嘉峪关方特欢乐亲子研学游

这是一条适合周末游玩的路线。从兰州到嘉峪关不管是高铁还是普速列车都非常方便，为了能够有充足的时间享受这次研学游，我们买了周五的车票，在火车上留宿一晚后便到达了嘉峪关。

到达嘉峪关后，出站用完早餐，我们便打车前往方特欢乐世界，方特离市区不远，打车十几分钟就到了。第一天我们计划先游览方特一期。嘉峪关方特欢乐世界占地面积约 66 万平方米，总投资约

22 亿元人民币，是西北地区规模最大的第四代高科技主题公园。园内涵盖主题项目、游乐项目、休闲及景观项目 200 余项。

迈入乐园，第一眼就看到了全明星阵容的熊出没卡通人物，再配上周围的建筑风格和环境，仿佛置身充满奇妙幻想的动画世界。

园内正中的大型城堡，将高科技室内项目和大型惊险刺激的项目相结合。可以体验到国际一流的高空飞翔体验项目“飞越极限”、中国独创的大型探险项目“唐古拉雪山”、追踪式立体魔幻表演项目“魔法城堡”，以及大型主题漂流历险项目“激流勇进”等，各种各样精彩刺激的项目正好能够满足我们一家人的需要，让每个人

都获得属于自己的独特体验。

园区里的巨型回旋式过山车“火流星”，还有大摆锤、波浪翻滚、海盗船、太空飞梭、空中飞舞等惊险刺激的项目十分火爆，园区里尖叫声此起彼伏。

值得一提的是，乐园内有自助主题餐厅，环境和菜品非常不错。如果不想出园，在园区的中心地带还有用三辆火车车厢打造的“方特火车驿站”，就像把火车开进了乐园中，驿站集休闲、住宿、餐吧、饮吧为一体，内部经过精心改造和装潢，特点十足。

火车
民宿

结束第一天的游玩之后，我们去吃了一顿美味的嘉峪关烤肉，准备明天接着游览二期“方特丝路神话”。

有了昨天游玩一期园区的经验，今天我们早早出发。新园区在雄关区博园路558号，靠近嘉峪关关城，和原来的方特欢乐世界不在同一个地方，新园区的火爆超出想象，尽管我们提前出发，但还是需要排队才能进入园区。

温馨提示：

游客可以提前下载方特旅游App，线上买票不用排队还能享受优惠，不用取票直接入园非常方便。等到进园之后，还可以在App上查看园区地图以及每个项目的等候时间。

因为时间有限，我们从官方推荐的三条游玩线路（爱在神话之旅、丝路探险之旅、童真探秘之旅）中选择了丝路探险之旅，具体线路是这样的：九州神韵→熊熊海盗→女娲补天→嘎嘎摆锤→大禹治水→极地快车→梁祝→敦煌瑰宝→神州塔→牛郎织女→魅力戏曲→摇滚音乐会→柯基跑跑车→梦幻转马→欢乐跳跳跳→缤纷华夏→孟姜女→梦幻水世界。

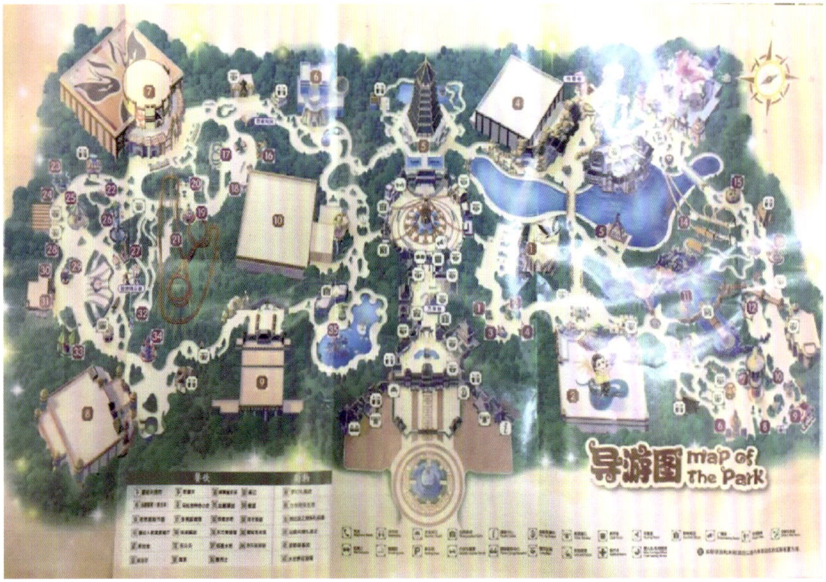

整条线路的游玩体验非常棒，其中敦煌瑰宝、女娲补天和孟姜女几个项目是绝对不能错过的。

敦煌是丝绸之路的十字路口，在敦煌瑰宝这样一个充满了新奇惊险又富有想象力的世界中，无法预料下一刻会看到什么样的奇景。奇花绽开的美丽密林、舞姿曼妙的飞天少女、震撼宏伟的天宫，每一个情节和画面都让人大饱眼福。

女娲补天更加惊艳。家喻户晓的故事，在巨型环幕电影和多自由度动感游览车的搭配下，将古代传说真实地呈现在眼前，触手可及，就像置身仙境。

孟姜女将那段凄美的爱情故事，结合建筑投影，通过大型舞台表演秀展现出来。

新建成的二期，将历史故事和神话传说穿插其中，让我们在游玩的过程中更好地体会这片西部土地的独特魅力。

难忘的时光转瞬即逝，我们在嘉峪关方特主题游乐园中度过了一个难忘的周末，依依不舍地坐上了返回兰州的列车。

第三节　最美“云端”小站天水东岔

偷得浮生两日闲，享受着周末闲暇时光，我们乘坐旅游列车，在欢声笑语中开启了美好的东岔周末休闲游。

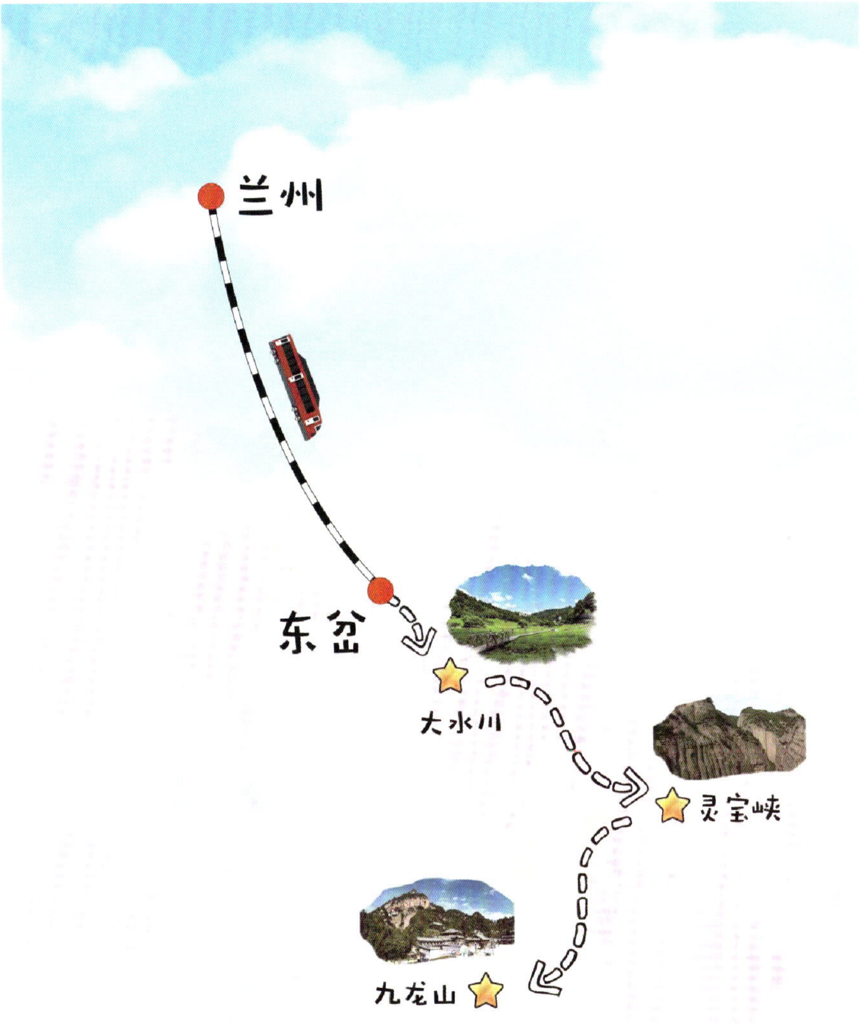
兰州
东岔
大水川
灵宝峡
九龙山

动车组列车从兰州西站开出，约2小时后到达东岔站。东岔地处风景秀美、气候宜人的小陇山林区和金龙山旅游景区，毗邻甘肃省小陇山国家森林公园桃花沟景区、麦积国家森林公园、陕西省大水川景区、通天河国家森林公园等景点。

东岔站是宝兰高铁全线唯一建在桥上的车站，当地雨水充沛、气候湿润，每天清晨都会被山涧雾气所环绕，东岔站也因此被称为最美“云端”小站。

温馨提示：

1. 行程中有爬山活动，请穿着适合户外活动的鞋子，及时补充水分及热量。

2. 爬山活动中请根据自身的情况量力而行，如有不适请立即终止活动并立即反馈给领队导游。

3. 在不减少景点的前提下，导游会对参观景点的顺序进行调整。如果遇到国家政策性调价，收取正常差价。

4. 此线路车程较远，天气多变，请随身带好晕车药、防晒用品、舒适的衣物和鞋子以及雨具。

5. 景区内有帐篷可以租住，如在盛夏建议带长衣外套长裤，如临春秋建议携带羽绒服，景区内也可租借冲锋棉衣；景区蚊虫较多，请带好驱蚊装备。

出了东岔站后，我们换乘景区大巴车前往大水川景区国际旅游度假区，度假区包含大水川、灵宝峡、九龙山三大核心景区。我们欣赏着浑然天成的自然风光，体验着新奇别样的古城民俗，并从中感受独具魅力的西山风情。

我们首先前往大水川景区。得天独厚的地理环境造就了重峦叠嶂的森林，广阔无垠的草场，形成了特有的原生态高山草甸风貌。这里冬春无界、夏秋相连、气候宜人，负氧离子含量极高，是四海宾朋消夏避暑的养生胜地。

大水川曾是古丝绸之路的必经之地，也是多个朝代的皇家马苑。千百年来，大水川繁育了无数良马宝驹。

时光荏苒，厚重的历史积淀，给这里留下了丰富的文化遗产。未见其景，鸟鸣、禅叫、清凉的空气迎面袭来，神往已久的大水川景区到啦！

温馨提示：

游客可以参观马场、喂马、看小马驹，与马儿们亲密接触，还可以在教练指导下体验马术运动，感受马背上的精彩。

景区门口，一座仿古风格的门楼在天空和山岭的映衬下古朴醒目。振奋人心的“三英战吕布”实景表演拉开帷幕，沉浸式地展现着风云激荡的时代，鼓角齐鸣，战马奔腾。

景区内各类高等植物高达 2 100 余种，蕨类植物 110 余种，野生中草药多达 160 余种。动物种类繁多，锦鸡、血雉、青羊、獐子、獾、狐等国家级保护动物出没山林，国家二级保护鱼类——细鳞鲑嬉戏水中。

这里不仅有历史战事可观，更有茂林修竹可赏，置身其中尽享美景，在阳光下慵懒地伸个懒腰，十分惬意。景区内还有完善的娱乐设施，滑草、滑索、骑马、射箭，应有尽有。

午餐安排在了南由古镇，每一道菜品都美味诱人，有热米皮、西山土猪肉、串串、西山豆腐馍、粉汤羊血……最著名的当属热米

皮了，配上秘制料，风味独特，老少皆宜。

传说汉中热米皮始于秦汉，做法一般是将大米磨成米浆，蒸成薄皮，趁热擦菜籽油，切成条状，根据个人口味用香辣油、味精、精盐、醋、酱油、大蒜浆和其他调味品调味，混合均匀后食用。米皮本地多是吃热的，所以叫作热米皮，也可以在放置冷却之后凉拌。配菜主要包括豆芽、土豆丝、黄瓜丝、胡萝卜丝、芹菜、菠菜等季节性蔬菜，口感柔软黏稠。它也可以晾干或油炸而不立即食用，还有炖、炒等其他食用方法。

下午前往灵宝峡，它是一个披着神秘面纱的美丽宝地，这里山川相连，苍翠遍野，隐约有潺潺的水声伴着清脆的鸟鸣传来，循声而去，一条小溪从远山中淌来，在绿丛石滩之间轻盈地跳动。阳光闪烁在涟漪里，跳跃在草尖上，滋长出别样的美好。

途经一线天前往灵宝峡，两山夹着一水道，1938 年时任陇县县长张丰胄在峭壁上题有“灵宝峡”三字。灵宝峡全长约 2 公里，在秦岭山中，这西山的灵宝峡不算最美，但具有明显的独属于西部的丹霞地貌特征。山体岩壁鬼斧神工，河道曲折婉转，峡谷从河床直立而起，人处峡中天开一线，雄伟壮观。古时为陇州八景之一，也是陇东通往关中的要道“回中道”的咽喉，历史上许多战争都在这里发生，有“灵宝牧羊抗金保宋，丹霞绝壁刀劈斧削，满壁蜂洞巍奇秀美”之美誉。

下山之后我们乘车前往九龙山国际温泉酒店。夜幕降临，山涧

的热闹才刚刚开始，美食、音乐喷泉、篝火晚会，这样的夜晚真让人沉醉。

第二天早晨，我们用完可口的早餐后前往九龙山景区。

天下文脉福地，诗画九龙山水。九龙山因九座山头相聚，形如九龙腾空嬉戏，状若莲花盛开，按国学地理理论“山为龙形”，故而得名。景区内峡谷纵横，奇峰怪石嶙峋，潇水河在峡谷间缓缓而流，有“西北小三峡”美誉。景区道路全长 13.2 公里，占地面积约 30 平方公里。山水林木崖峰窟洞混合集中，突显秀美。玉皇洞、无量洞、药王洞等各有天地，自然风光美不胜收，而且自古就是道教、佛教文化圣地。

坐上 360 度全景缆车，缆车穿梭在轻轻的薄雾里，玻璃栈道位于扑崖绝壁遗址，宛如一道彩虹飞架深谷。

九龙山玻璃索桥位于九龙山景区九龙禅院西侧两座山峰之间，桥体主要由玻璃桥和索桥两部分构成，总长约 270 米。巧妙的设计，漂亮的环形通道，连接了九龙禅院和上九元景区，游客在玻璃索桥上每走一步都像是漫步云端，还可以在百米高空上一睹九龙山景区的全貌，体验别具一格的自然风光。

九龙山温泉度假区集温泉养生、休闲度假、酒店住宿于一体，室内有水上娱乐、造浪池、儿童戏水区、乐高玩具区，特别适合孩童畅玩，养生温泉、韩式汗蒸、动感水疗等适合上班族消除疲劳，放松心情，是举家休闲疗养的不二之选。

温馨提示：

1. 下水前要先适应水温，从低水温逐渐过渡到高水温，给血管逐渐扩张的时间，要尽量选择温度适宜的温泉池。

2. 尽量不选择在“疲劳、饱腹、空腹”这三种状态下进入温泉。

3. 温泉池含有浓度较高的硫黄或碱分，水分蒸发后会残留在皮肤上，因此泡温泉后，游客应及时用干净的水淋浴，洁净皮肤，防止出现皮肤过敏。

两天一晚的周末休闲游，让我远离城市的喧嚣，在忙里偷闲中追寻诗和远方，在山水之间感受大自然的鬼斧神工，在温泉水里卸去了一身疲惫，明天又将元气满满地投入工作和生活。

第四节　神奇宁夏亲子游

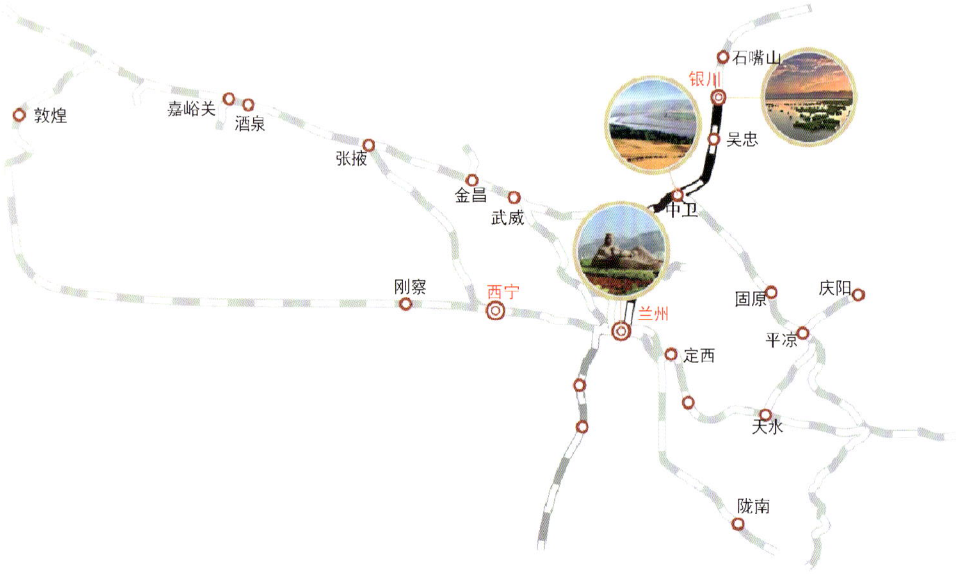

我们这次选择的是涵盖众多景点，历时四天的“环西部火车游”神奇宁夏游。

第一天晚上从兰州出发乘火车前往银川，第二天早上抵达，出站后便乘车前往沙湖。沙湖位于宁夏回族自治区石嘴山市平罗县境内，是以自然景观为主体，沙、水、苇、鸟、山五大景源有机结合构成的国家 5A 级旅游景区。景区内有国际沙雕园、百鸟乐园、湖东湿地、题字石等众多景观，多种多样的景观巧妙地将江南水乡之灵秀与塞北大漠之雄浑融合为一体，不愧为漫漫丝路上的一颗明珠。

离开沙湖我们前往镇北堡西部影城，被誉为“东方好莱坞”，地处宁夏银川西郊镇北堡，原址为明清时代的边防城堡。西部影城古朴、原始、粗犷、荒凉，独具民间文化特色。

参观结束后我们乘车前往中卫，抵达后入住酒店。

温馨提示：

出行前建议携带物品：口罩、纱巾、水杯、创可贴、晕车药、止泻药、防晒霜、伞、充电器、换洗衣服。宁夏早晚温差大，且紫外线较强，建议带外套、防晒衣。

小朋友一定要特别注意防晒，沙坡头娱乐以戏沙为主，注意眼部防护。

中卫是宁夏夏季最受欢迎的地方，除了国家5A级景区沙坡头外，还有以浓厚民族风情著称的通湖草原。

驱车前往通湖草原，一路上的风景从城市到沙漠，在驶入景区后一望无际的腾格里沙漠遍布迎宾大道两边，而大道远处的那一抹绿洲就是我们今天的目的地——通湖草原。

通湖，顾名思义是湖水相连的意思。据说曾经有两个喇嘛在距此 60 公里处的“太阳湖”边用铜壶取水，不小心将铜壶掉到了水里，几天后，有一个牧民妇人在这里发现了铜壶，方知两地地下水系相通，因此取名“通湖”。

大大小小的蒙古包错落有致地排布在景区内，更添几分民族风情，这里的人绝大多数是蒙古族，走过娱乐场，坐一段“小火车”，到达“刺陵客栈”，这里有骑骆驼、沙漠冲浪、沙漠摩托、射箭等精彩活动，草原的落日很美，令人温暖、感动。

第三天一早前往沙坡头景区，沙坡头距离市区很近，很快我们就到达了景区大门，从大门就可以看到穿流而过的黄河，非常壮观。

景区被包兰铁路一分为二，铁路以南为黄河区，以北是沙漠区。

进入景区，沿着黄河北岸向西行进，能看到很多娱乐项目，其中最吸引人的是黄河上独有的漂流工具——羊皮筏子。这种由多个囫囵羊皮组合成的木筏，每筏载重可达 1 吨，可乘 3~4 人，在老筏工沉稳的驾驶下，这小小的筏子在汹涌湍急的黄河中一路前行。

温馨提示：

沙坡头是细沙，进眼睛后不好清理，最好戴上墨镜。大檐帽有时也能起到保护作用。应多备湿巾及眼药水。黄河区隔几百米就会有水龙头，方便冲洗。

滑沙场旁边还有横跨两岸的黄河索道，坐着索道滑过黄河，看着脚下汹涌的黄河，十分震撼。

登上沙坡头最高处，来到王维观景台，在这里可以远眺黄河，看着这波澜壮阔的景观，用“大漠孤烟直，长河落日圆”这样的千古名句来描绘再合适不过。

观景台后面就是包兰铁路，听工作人员介绍，沙坡头景区最早是自然保护区，是为了保护包兰铁路沿线的治沙成果而建立的。包兰铁路从今天的沙坡头景区穿过，将其分为两部分——大漠区和黄河区。当初包兰铁路在设计和实地勘探中发现，铁路只能穿沙而过，为了保证铁路不被沙漠侵蚀，老铁路人用他们的智慧发明了“麦草方格固沙法”来固定流沙，阻止了腾格里沙漠对生态的侵蚀，保护了中卫绿洲，改善了生态环境，孕育出了沙坡头这样的国家 5A 级景区。

告别沙坡头，宁夏之旅就要结束了，这颗镶嵌在沙漠中的绿洲所散发出来的独特魅力，真是让人流连忘返。

第四章

乡村振兴游

中国的乡村是有着五千年文化积淀的乡村，在漫长的岁月磨洗中，逐渐形成了各自独特稳定的居住环境、社会结构、风俗习惯。乡村旅游不仅是增加一些休闲度假、游览观光的乡村旅游目的地，也让城市居民感受贴近乡村的浓厚生活气息。

黄土高原、广袤草原、茫茫戈壁、洁白冰川构成了一幅雄浑壮丽的画卷，宛若一柄玉如意，这就是甘肃。乡村旅游资源丰富的甘肃秉承“绿水青山就是金山银山”的理念，大力实施旅游强省战略，拉动经济发展。兰州局集团公司依托优美的自然风光和良好的生态优势，推出了一系列精美的乡村旅游线路，把养生的崆峒山，秀丽的陇上江南，宛若人间仙境的麦积烟雨带到游客身边，带游客体验别样魅力的乡村之旅。

第一节 寻根问道·平凉崆峒之旅

夏季来了，是时候酝酿一场酣畅淋漓，说走就走的旅行放空自己，忘却纷扰琐事，让思绪随着心情翱翔在愉悦的旅途中。身边的朋友极力推荐我体验平凉崆峒之夏，感受别样的清新舒爽。

平凉历史悠久、人文荟萃，是丝绸之路西出长安第一城，华夏文明发源地之一，传承着中华优秀文化基因，孕育了无限风光美景。听闻夏日的平凉，崆峒山、关山翠峰叠嶂，大云寺、王母宫庄严神秘，百万亩梯田百万亩绿，乡村田园静谧祥和，恰如一幅山水画，在这里可邂逅青山绿水，徜徉人间仙境，问道崆峒之巅，我内心已开始憧憬着去平凉，看山、看水、看美景……

早就听说过兰州局集团公司开行的“环西部火车游”品牌列车，爱好旅游的我要亲自体验一下。我在铁路12306手机客户端“铁路游”板块中被“环西部火车游·崆峒号”平凉专列四日游的旅游信息介绍深深吸引，全程软卧，尤其是票价中包括酒店住宿和所有景区门票，真算得上优质实惠，我毫不犹豫地下单参团出游。

周四早晨，旅游专列的导游与我取得联系，向我介绍了旅程基本情况，同时告知我为了提高旅行服务质量，将参团的游客分成了6个团，我被安排在2号团，并邀请我加入2号团旅游微信群，导游将乘车集合地点和关于旅途的注意事项发送到群里，方便大家查看。

周五晚上，我背起行囊，如约来到兰州站站前广场，见到了此次的带队导游，领到了乘车铺牌，顺利进站。

夜幕降临，站台上灯火通明，为南来北往的旅客照亮前行的路。“环西部火车游·崆峒号”列车似一条长龙，在沉沉的夜幕中安静地停靠在站台旁，深绿色的车厢外装点着平凉文化旅游元素，在灯光的映衬下更显得摇曳生姿。列车由 6 节软卧车、2 节功能车、1 节宿营车、1 节行李车组成，能够为旅客提供集吃、住、行、游、购、娱为一体的全方位旅行服务，真不愧是“陆地邮轮”。

上车不久，专列旅游管家在微信群推送了次日的行程安排信息：

1. 平凉天气晴朗，气温较高，请大家做好防暑防晒；

2. 下车后所有人在 4 号车厢门口集合，统一出站；

3. 出站后乘坐大巴车前往广成大酒店用早餐，10 人一桌，可以自由组合；

4. 早餐后游览崆峒山景区，午餐安排在景区内的自助素斋；

5. 下午游览平凉博物馆，晚上入住广成大酒店。

透过窗外，车站工作人员向着机车方向，抡起胳膊用绿色信号旗划出一个大大的圆圈，列车缓缓起动，满载旅客的“环西部火车游·崆峒号”列车从兰州站开出，驶向美丽的平凉，开启了一场缤纷多彩的平凉芳华之旅。

离休息的时间还早，我迫不及待地想要参观这列精品旅游专列。餐车极富特色，车厢顶部装饰有色彩丰富的藻井图案，飞天仙子衣袂飘飘、环绕四周。最吸引我的还是休闲功能车，集休闲、娱乐与观景为一体，休闲区里影音设备俱全，正前方悬挂着一个大大的投影，宛如一个微型 KTV。同行的旅客不约而同地来到休闲区，最热闹的地方当属点歌台，大家围起来仔细挑选喜爱的曲目，都想在这样新奇的列车里一展歌喉。茶艺师热情地邀请旅客品茶，话家常。热闹的时光总是过得飞快，旅游管家轻轻叩响了车厢门，提醒大家合理安排娱乐和休息时间，养精蓄锐，为明天游览崆峒山做准备。

回到温馨静谧的“小家”，我望着车窗外，夜空繁星点点，远处灯火阑珊，“崆峒号”旅游专列风驰电掣般向前疾驰，蜿蜒在包兰线上一路北上，到达中卫，再沿着宝中线一路南下，路线像极了一个大大的“几”字。我躺在舒适的被窝里，耳边隐约听到车轮与铁轨碰撞发出的交响乐，慢慢进入了甜蜜的梦乡。

天亮了，旅游专列到达了平凉站。我们按照计划依车厢编号排队出站，每个人脸上都洋溢着笑容，无限期待这次美丽的崆峒之旅。出站约 1 个小时后地接旅行社导游和国旅旅游管家负责将游客运送至广成大酒店用早餐，之后大巴车将我们送到了崆峒山脚下。

“中华道教第一山”崆峒山，绝对是平凉文旅产业的“颜值担当”，是寻根问道的圣地、休闲养生的福地，更是心驰神往的“诗和远方”。

崆峒山景区位于甘肃省平凉市，东瞰西安，西接兰州，南邻宝鸡，北抵银川，是古丝绸之路要冲，自然景观奇险灵秀，人文景观古朴精湛，具有极高的观赏、文化、科考价值，自古就有“西来第一山”“西镇奇观”之美誉。在山脚下往山头上望，云遮雾涌，神秘莫测，渐渐地雾越变越浓，上面似乎是皑皑白雪。在半山腰往下看，一眼望不到谷底，往山顶看真是雾锁山头山锁雾，山套山，雾涌雾。景区林海浩瀚，流莺悦婉，如缥缈仙境。

相传人文始祖轩辕黄帝曾在此山上向广成子请教问道，秦皇汉武都曾登临此山。唐宋明清各代，均在山上建有道观禅院。现在山上共有 8 台、9 宫、12 院、42 座建筑群，40 多处名胜古迹，其中以崆峒宝塔最为著名。

山脚下，醒目的崆峒山石碑屹立在道路旁，等候上山的游客在候车区井然有序地排着长队。上山的道路蜿蜒崎岖，需要乘坐景区的专用交通车（往返需要 64 元 / 人，费用自理）才能到达中台。中台才是登崆峒山的起点，带团导游早已为我们精心准备了两条登山线路：

线路一：一鼓作气走主路，主路台阶较陡，路程略短；

线路二：走辅路，台阶相对比较缓，但路程较长。

导游推荐大家上山走主路，下山走辅路。主路被称为“上天梯”。“一步仅一寸，天门攀铁柱。自向此间行，才得上天路。”上天梯源于“通天”之意，台阶总数为 369 级，台面宽 2.5 米，石阶的坡度在 45 度至 75 度之间。

八月时节，碧空万里。崆峒山身姿绝美，烟笼雾锁，花香袭人；远观云海变幻，内里绿野仙踪，峰峦雄峙，危崖耸立；层层古刹点缀于重峦叠翠之间，山上禅院俨然，宫观萧静；影穿于林，鸟鸣在涧；绿树参差竞上，楼台错落比高。眼前美景如梦如幻，似缥缈仙境，大家纷纷拍照记录下这美好的景象。

从山脚抬眼望去，天梯系于峭壁，翼亭悬在危崖。上山之路两侧绿树成荫，遮天蔽日，常年翠绿的林荫间形成了天然氧吧，呼吸着空气中的负氧离子，令人心旷神怡。

我们一路向上，共探寻了崆峒山八台九宫、十二院四十二座庙宇、七十二处石府洞天的雄秀古雅。“会当凌绝顶，一览众山小”，登高望远的心情美妙至极。在山巅放眼望去，连绵的群山巍峨挺拔，松柏高耸，郁郁葱葱，怪石嶙峋。山下的弹筝湖面水天一色，景色优美，别具一格，令人神往。因“一泓清流，激石而鸣，泠泠作响，宛如弹筝”，故曰弹筝湖。前往崆峒山的缆车从弹筝湖上空而过，湖水在微风的吹拂下显得清澈碧绿。遥遥望去，有游客乘坐着观光游船，穿过高峡平湖，有人用手指轻轻划过似翠镜般的湖面，几只水鸟在湖面上飞翔捉食，长达12公里的航道，沿途可遥望崆峒山上的八仙阁、问道宫、候旨沟等景点，如诗一般的画面，山下完全可从另一个角度感受崆峒山的雄壮秀美和弹筝湖水的赏心悦目。崆峒山全程游览需3~4小时，爬完天梯返回中台很累，基本再不想走路了。旅游专列银发老人占比较多，很多爬一会就提前返回中台，导游全程讲解，较为生动。

从山顶顺着辅路下到中台，大家已是饥肠辘辘，在崆峒山上，素斋宴是一定要品尝的。餐桌上素虾仁、豆角茄子、辣椒炒素肉等色泽鲜美，清香爽口，更让人惊喜的是，一个个像荤菜的菜品居然都是用素菜做出来的。

寻根问道，自是少不了请崆峒山道长讲道，传授崆峒太极拳，推手、呼吸、意念导引、养生功法……简单易学的崆峒派武术基础功法，让我们体验到身心平衡、修身养性的健康生活方式。

崆峒山全程游玩大约到14:00，此时行程才进行了一半。接下来目的地是平凉博物馆，可以对平凉历史有较为全面的了解。平凉博物馆成立于1979年，是市级综合性历史文化博物馆，国家一级博物馆。馆藏各级各类文物14 458件，其中国家珍贵文物1 300件（套），以史前陶器、西周铜器、宋元瓷器、历代铜镜、陇东皮影、名人字画、造像艺术等最具特色。讲解员讲得很专注很有激情，从人类先祖讲到上古时代玄武、西王母、黄帝问道广成子，从前秦苻坚统一河西地区、武则天推广佛教迎取佛舍利讲到新民主主义革命红色文化，大家驻足在各类文物前，感受着历史的厚重和中华文明的博大精深。

16:30左右，大巴车将游客接回广成大酒店，途中地接导游在大巴车上介绍了平凉人文特产，以及相关注意事项、广成大酒店地理位置、第二天行程，分发宾馆门卡，余下时间为自由活动时间。广成大酒店位于崆峒山景区，占地面积很大，住宿区环境优美，开窗就是美丽的湖泊、黑天鹅、野鸭子……有种人在画中住的感觉。同时广成大酒店对入住的游客提供免费游泳馆、打折“温泉洗浴+自助餐”、特色餐饮等服务。夕阳西下，散步其中，一切是那么美好又惬意。远离城市的喧嚣和工作生活的烦恼，此刻，身心放松的我坐在长椅上，窗外一丝凉风吹来，一缕柳香弥于口鼻，一轮净月悬于墨兰夜空之上，不由感叹真是一个美好的平凉夏日之夜！

次日早上7:30，我们乘坐大巴车前往泾川大云寺博物馆游览，大云寺博物馆是迄今甘肃最大的仿唐建筑群。来到泾川，一抬头就看到大云寺高耸的佛塔。大云寺曾出土14颗佛骨舍利。安放佛舍利的大云寺舍利塔，巍然耸立，端庄大气，无与伦比。整个塔身采用钢结构，建筑面积5 489.34平方米，建筑高度为95米，仿唐建筑，采用四角方塔的建筑形式，分为地上明七暗七共14层，地下3层地宫，实现了钢结构与古建筑的完美结合。塔内有电梯可以直通塔顶。

寺内仍保留着佛骨舍利出土报告。原文是 :“地宫有门，门拱是石质半圆形的，正面线刻祥云围绕宝器，两飞天临空翱翔。门拱由两根四棱形石柱支撑在石门槛上。柱的正面和内侧面线刻护法神。地宫内存放有一具半米见方的石函，函盖是覆斗形，刻有‘大周泾州大云寺舍利之函总一十四粒’16 字。函身四周均刻有铭文。函内盛有 4 寸见方的铜匣，样子很像石函，匣上有锁，钥匙由一条细金练系在匣上，尚可开启。铜匣内是一具长方体银椁，比匣略小，盖为瓦形，周围还有一周低矮的小栏杆，椁身两侧各有一对并列的小环。匣、椁的表面都是细工雕刻的素文缠身忍冬花，银椁内才是金棺。金棺的样子与银椁相同，比椁稍小，周身是金页贴成的莲花图案，花中镶有各色宝石，正中与侧面均嵌有较大的白色珍珠。”

随后游览泾川王母宫。泾川王母宫位于泾川县城以西的回山之上，景区内主要有王母宫、瑶池、回屋、石窟等四个景点。相传，王母宫是西王母的降生地、发祥地和祖庙所在。

王母宫依山开凿，平面呈“回”字形，外有三层楼窟檐。窟内每壁造像三层，百余尊，是我国古丝绸之路上的名窟之一。中心柱四周及窟壁三面雕有佛像 200 余尊，有大小佛龛 22 个。

回山南麓建有瑶池，传说是西王母的宫廷，为西王母举办蟠桃会、宴群仙的地方，西王母曾在此设宴招待周穆王这位人间君主。瑶池树木参天，绿树成荫，泉水叮咚，流向泾河。拾级而上，曲径通幽，奇花异草，尤为奇观。

接下来，我们前往龙泉寺参观。龙泉寺景区位于崇信县城以北2公里处，背依凤翥山，南临汭河。龙泉寺建于元代，山上腹部水溢岩石，形成贯珠泉等自然泉群10多处，清泉汩汩，碧流淙淙，古树名木摇红叠翠，亭台楼阁流光溢彩，贯珠泉边石岩上龙柏鳞爪森然，神形兼备，堪称奇观，素有“龙泉美景胜江南”之美誉。

山下龙泉广场总体布局由“龙”之神韵、“水”之乐章、“绿”之旋律组成，建有龙湖、龙泽湖、龙门、龙柱、音乐喷泉、龙凤双亭等景观20多处，景区亭台、水榭、龙柱、湖水交相辉映，相得益彰。

入龙泉寺，仅一门之隔便别有洞天，干净凉爽的气息沁人心脾，拾级而上约 20 分钟，可到达龙泉寺的核心景点——贯珠泉，贯珠泉泉眼处流水汩汩，喝入口中清凉甘洌，但凡到此处的游客不禁都会掬泉品味。当地更盛将贯珠泉水接入瓶中，带回家约上挚友，品茗闲聊。

下午我们乘车回到了崆峒古镇，古镇整体设计为仿明清建筑风格，均为一至二层别墅式组群，相互对应，各具特色。四面城门创意性恢复了古平凉城门，其间道路纵横交织，流水环绕，景点景观镶嵌其中，既展示出崆峒文化的博大精深，又体现了南方园林的秀丽优美，把传统的人文景观和人与自然和谐共生的生态理念贯穿其中。

崆峒古镇内，琳琅满目的崆峒山文创中心、香气醉人的风味小吃街、令人眼花缭乱的“平凉非遗一条街”，更是将一个活色生香的平凉展现在大家眼前。

风味小吃街是最受大家欢迎的。早就听说平凉的炒面筋做法独特，一定要品尝一下，我特意挑选了一家装修风格雅致的店铺。炒面筋讲究先用大火将上好的五花肉煸炒出油脂，再用青红椒和时蔬与面筋翻炒，这样一份色泽诱人营养丰富的炒面筋就做好了，面筋被蔬菜的清香和淡淡的肉香味包裹着，咬上一口筋道弹牙，口齿留香，回味无穷。食欲大开的我又去探店饸饹面，用胡萝卜和新鲜蔬菜加上肉臊子做浇头，再舀上浓郁的鸡汤，面条爽滑，口味层次丰富。热情的店老板还给我介绍平凉的风土人情，推荐我一定要打卡平凉宾馆的羊肉泡馍和新民路的牛肉。

印象较为深刻的是晚上篝火晚会，20:00 晚会开始，夜市中央广场大鼎中生起篝火，音乐响起，一片欢乐的海洋，旅游团成员们跳起广场舞，热潮一浪高过一浪。据了解，这是当地文旅部门为“环西部火车游”专门策划的活动，周周都有，周周不同。

22:00，登上列车准备返回。两天三夜的“环西部火车游·崆峒号”平凉之旅接近尾声了，这次旅行让我重新拥抱大自然，也感受到陇东地区的风土人情。

这一路旅行社提前与目的地车站、景区进行确认和协调，游玩时基本是绿色通道，所有游玩的地方凭借胸前的“环西部火车游”标识牌都做到了畅行，中间省去了很多环节，有时连检票都是由带团导游负责，这是带着家里老人游玩方便的地方。

第四天清晨，专列于9:58到达兰州站，种种的不舍都在下车的那一刻变成了回忆。下一次，我仍会约三五好友，再去平凉寻根问道。

“住火车上最大的床，圆旅途中最美的梦”。“环西部火车游”星级酒店车横空出世。未来兰州局集团公司将在升级的车辆保留原专列特色的同时，根据对游客需求的调研，整体提升专列设施，优化专列服务。观景大窗、列车KTV、独立卫浴等应有尽有，多种房型选择，包括高级软卧包间、高端商务房、情侣蜜月房、亲子互动房、主题定制房、文化沙龙房等，全方位、一站式服务可满足不同游客的多种出行需求，提供多功能、舒适的极简家庭用房，商务私密空间用房等，让游客饱览风光和消遣娱乐两不误，享受舒适惬意的旅行生活。

星级酒店车是国内首辆按国铁集团标准设计的旅游酒店车，主要亮点就是四个“有”字。第一有，星级酒店车有独立卫浴，试想在旅途中，能冲一个美美的热水澡是多么惬意；第二有，有手机投屏电视，只要用手机连接好车载 Wi-Fi，就能把新上映的电影、新拍的旅途视频投映在电视上，靠在床头，享受这美妙时光；第三有，有迷你冰箱，轻轻打开冰箱门，拿出带上车的好吃的串串，再来一口凉凉的冰饮，让味蕾达到极致的享受；第四有，有门禁系统，扣上门锁，创造出属于旅客独有的私密空间。

“环西部火车游”星级酒店车内的独立休闲区域焕新升级，除保留广受游客喜爱的休闲功能车外，还根据不同娱乐活动的需求对功能层进行分区管理。有安静品茗的茶室，为独处时光留下一方天地，有开阔舒适的观景区，还有棋牌娱乐区，可以满足旅客多元化的娱乐需求。

星级酒店车更是创新地将 KTV 融入餐吧车，集娱乐、展示、用餐为一体。在用餐时段，餐吧车内主要提供餐食服务；其他时段化身为 KTV，让旅客坐着火车唱着歌，在茶余饭后，选一首应心应景的歌曲，引吭高歌，唱响快意人生。入夜，点上夜灯，餐吧车摇身一变，又成了酒吧，旅客把酒言欢，广交四海宾朋。

在旅客来往的显眼处，全天候展示售卖当地农副特产及手工艺品，平凉红牛肉、庆阳香包、非遗手工花馍等。

星级酒店车还为入住的游客配备私人 24 小时旅游管家及列车尊享服务。贴心的旅游管家提供行车中入住、用水、进餐，进出站行李搬运，下榻酒店入住办理、酒店叫早，景点行程查询等一站式服务。旅客只需要带上好心情，其他的尽管交给旅游管家。

环西部火车游
环西部火车游
环西部火车游
环西部火车游

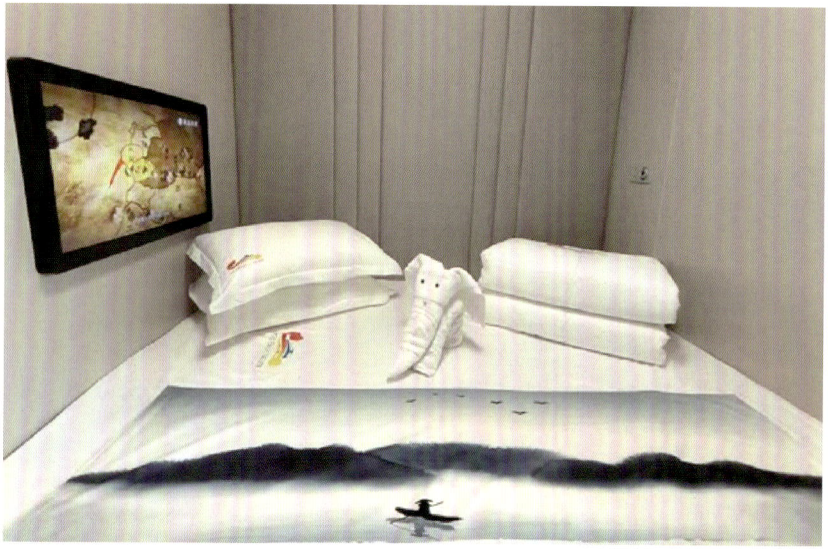

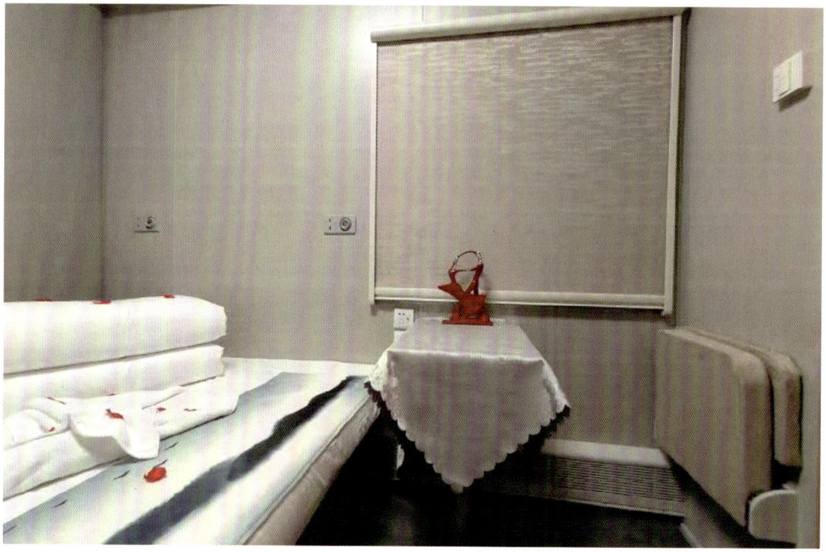

环西部火车游

崆峒黄酒

狮来运转
SPIRIT ON THE SILK ROAD
KongTong
KEEP
REAL
SPIRIT ON THE SILK ROAD
胡麻油

第二节 相约陇南之旅 邂逅江南秀色

从兰州到陇南非常方便，乘坐火车仅需要四个小时就可以到达姚渡，再乘不到四十分钟的大巴车，就抵达了我本次旅程的第一站——碧口古镇。一路上风景优美，“塞上江南”果然名不虚传。

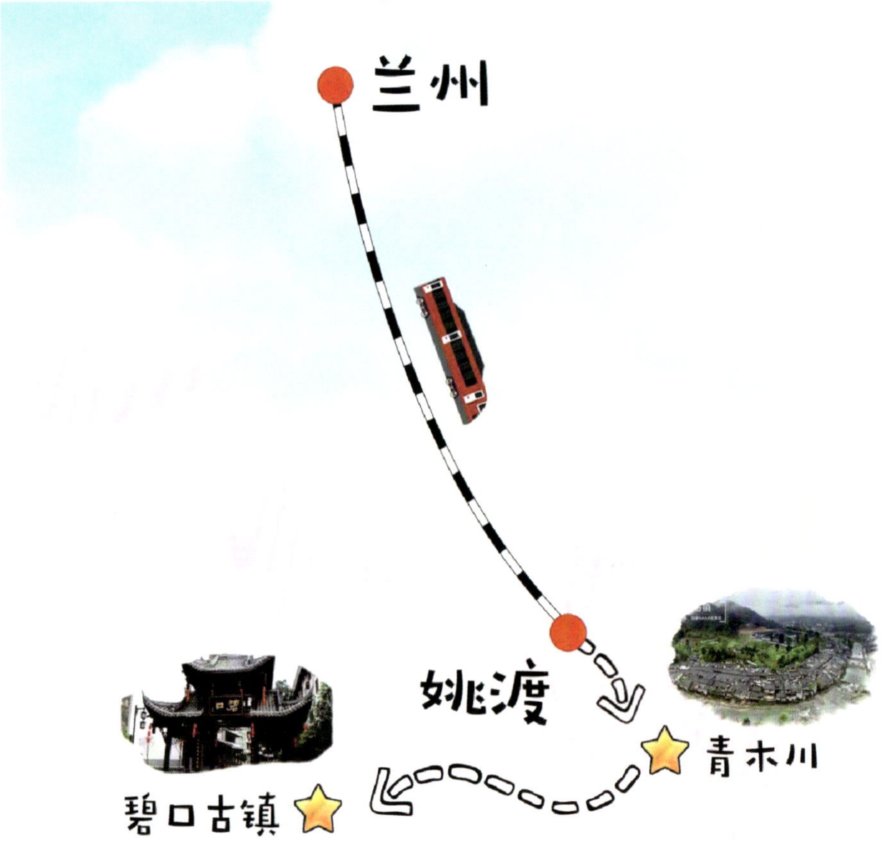
兰州
姚渡
青木川
碧口古镇

下车以后，抬手摸到衣袖才感觉到下着丝丝细雨，这种陇南的迎客方式神秘又浪漫。

出站后前往碧口镇，听导游介绍说这里是白龙江与白水江交汇处，以前是甘川两省的水旱码头，商贾林立，被称为甘肃四大名镇之首。地理上属于北亚热带气候区，哪怕是在冬天，这里也要比同纬度其他地区暖和许多，当地人也称这里是“甘肃的西双版纳”。游览时间大约需要一上午，可随着团队在当地农家院里用餐，这里的鱼是一大特色。

漫步在古镇里感觉妙极了。谁能想到这粗犷的西北高原，能有一处风景如此秀丽的古镇，雾气萦绕在翠绿的湖面上，山脚下的青白色瓦房在迷雾中若隐若现，好一幅鲜活的山水画。

鸡鸣三省

参观完碧口古镇已近中午，吃完午饭，便坐着大巴前往玉垒关。一路上山路崎岖，风景壮阔，不知不觉就到了文县五大雄关之一的玉垒关，也称翡翠湖，是文县以东的雄关要塞，因其险峻之状与四川剑门关齐名。古时都称这里是“秦陇咽喉”，虽然已过千年，但当年古代战场上的景象仍然历历在目。在这里歇歇脚，感受着沧桑的历史战场，欣赏着两江交汇的美丽景色，也别有一番滋味。

返回途中经过团鱼河铁索桥，翠绿的河水就像绸缎映在桥下，索桥也十分别致，两侧都有钢绳牵引，远远看去像一条银龙卧在水面上。

第二天一早，便出发前往历史悠久的青木川古镇，古镇位于陕甘川交界处，素有“一脚踏三省”之誉。听闻青木川古镇曾是羌汉杂居地区，明朝时始称草场坝，后建回龙寺，遂改称回龙场，清同治年间称永宁里，新中国成立后才被称为青木川。

老酒坊
酒

古镇里的建筑虽然饱经沧桑，但都保存得十分完好，走过这古街仿佛穿越回了古代。古镇里还保留有清末民初时期的建筑共 20 余处，当初的洋货行、制革厂、钱庄、商户、茶馆、酒店等店面都有保留。古镇老街里居住的人家，房屋结构以二进二出的双层四合院为主，建筑风格有明清时期的旱船式，也有西方教堂式，中外不同建筑风格的碰撞，带来一种别样的美感。

青木川的风景多种多样，阎王碥、望乡台、鬼门关地处悬崖绝壁，下临狭谷深渊，崎岖幽径，让人望而生畏。龙池山有龙池千亩，凤凰山则四季各有风光。

两天的行程结束后，乘大巴车前往陇南市，晚饭便是当地特色“洋芋搅团”。当地有句俗语，“要得吃好饭，洋芋砸搅团”。砸洋芋搅团，先将洋芋煮熟剥皮，再用木榔头轻轻揉搓，成团后则用力夯砸，直至变成一整块。洋芋搅团多配酸菜、苦根咸菜等。酸菜用油加葱、辣椒等调料炒成，再将酸菜沸煮至浓汤。苦根咸菜要切细再加辣椒用热熟油浇好。最后先在碗中盛少许带汤的酸菜，再将洋芋团夹成小块放入碗内搅团后食用，口感柔软细腻，菜汤酸辣可口，回味无穷。

陇南其他旅游线路：

除碧口古镇和青木川外，官鹅沟值得一去。可以周五早晨从兰州乘动车先到哈达铺，抵达后乘大巴出发直接抵达国家级森林公园4A级旅游景区——“小九寨”官鹅沟（游览时间4~5小时）。官鹅沟内，丰富多彩的地质地貌是名副其实的“地书”和具有观赏价值的“地质公园”，沿途可以观看羌族的建筑，感受当地的民俗文化。午饭后乘车前往鹅嫚沟景区，鹅嫚沟是宕昌官鹅沟大景区中的特色景区，环境优美，空气清新，风景如画。这里山岭重叠，幽谷纵横，青山碧水，奇峰怪石，瀑布飞溅，古木参天，游人置身其间，野趣横生，心旷神怡。彩虹桥在鹅嫚沟景区内，垂直高度近30米，是连接藏经洞和逢缘峡的主要栈道，也是甘肃陇南建成的首座玻璃钢彩虹栈道桥。

温馨提示：

1. 官鹅沟山路崎岖，一定要系好安全带，备好“晕车药”。

2. 陇南市旅游景点大多属于丛林自然风光，进入景区请按照指示牌文明游览，遵守景区管理规定，标贴有“不准入内”或“禁止进入”标志的属于未开发或安全设施不健全区域，请勿继续前行。

3. 鹅嫚沟9D玻璃栈道＋魔毯＋玻璃滑索费用98元/人。

4. 从鹅嫚沟景区内上天池小交通一般需要自理，费用40元/人。

第三节　探访烟雨麦积　乐享康养温泉

这次我来到了素有“西北小江南”之称的天水。天水是一座历史悠久的老城，所谓“羲皇故里”说的就是这里，这里是传说中伏羲和女娲的故乡，也是轩辕黄帝出生的地方。

自从宝兰高铁开通后，前往天水非常方便，从兰州到天水只需一个多小时，极大节省了旅行的时间成本。

位于天水市秦州区的伏羲庙创建于元至正七年（公元 1347 年），占地 13 000 平方米，历经后代不断修缮。这座宏伟的庙宇距今已有 600 多年历史，而寺庙中供奉的伏羲，是中华民族公认的人文始祖，也是传说中太极八卦的发明者。在伏羲庙内，高 3 米，手托先天八卦太极盘，神情威严身披黄袍的伏羲泥塑造像位于正中，在他的身旁两侧，便是黄帝和炎帝的雕像。来伏羲庙的香客络绎不绝，我了解到，在每年 6 月 22 日的公祭伏羲大典，以及每年农历正月十六，这里更是人山人海，热闹非凡。

除伏羲庙外，胡氏民居建筑群也是天水市著名的历史文化遗产，其中南宅子始建于明万历十七年（公元 1589 年），北宅子建于万历四十三年（公元 1615 年），距今都已有 400 多年的历史。著名文物、古建筑专家罗哲文先生称它是“甘肃省唯一的也是全国罕见的具有典型明代建筑风格的古民居建筑宅院群”。两处古宅的建筑布局、结构形制、屋顶脊饰、砖木雕刻等都具有很高的历史、艺术、科学价值。

游览完伏羲庙后，中午我吃了一碗当地独具特色的“浆水面”，这是天水市一种传统面食小吃，是天水广大地区，特别是农村一带的家常饭。它用酸菜炝炒做卤，配以手擀面条，这酸菜可极为讲究，是用一种叫“苦苣”的野菜腌制而成。浆水面生津止渴，清热祛暑，非常适合在炎热的夏日食用。

吃完午餐，我前往了位于麦积城区街亭古镇的温泉度假村。整个温泉度假村占地面积很大，分为室内和室外，温泉内还有很多配套设施，能够满足各类人群需求。室内温泉以娱乐为主，按摩池、造浪池、儿童戏水池应有尽有；而室外则是各类小池。我选择享受室外的小池，在温泉浸沐之后，全身十分舒爽。温泉水温 39 摄氏度左右，每日流量约 3 700 吨，水量极为丰富，现已探明温泉水体含有适量的氧、硅、钾、硼、铝、钴等多种微量元素。

天然，
丝绸之路

在天水的最后一站我选择了麦积山石窟，麦积山石窟是世界文化遗产、国家5A级旅游景区。到达当天景区内人头攒动，非常火爆。进入景区，可以乘坐观光车抵达山脚下，142米高的孤峰拔地而起，山形酷似麦垛，所以被称为麦积山，山崖陡峭，如刀砍斧削，200多座洞窟、1万余身泥塑石雕以及上千平方米的壁画塑造于这绝壁之上，而凌空栈道又穿插其中，让人叹为观止。登上栈道，发现不管是高达16米雕刻于悬崖之上的大型佛像，还是小到仅有10多厘米高的小型佛像，无一不是栩栩如生、巧夺天工。最引人注目的一佛二菩萨造像位于东崖峭壁上，造像妙相庄穆，体相丰润，确为奇观。游览结束之后乘大巴车返回市区，麦积山石窟距离天水市区约30公里，从市区乘坐公共交通可以直接到达。

温馨提示：

天水的紫外线强度很高，最好带上帽子或伞防晒，想仔细看看麦积山石窟建议带把小手电。

天水其他游览线路：

游览完麦积山，可以选择去仙人崖游玩。仙人崖景区位于麦积山风景名胜区内，由三崖、五莲山、六大寺组成。该景区翠峰林立，岩石万仞，松桧成林，鸟语花香。寺观修建于峰顶或飞崖之下，融汇了儒释道三教合一的宗教文化，现为佛、道合一的石窟寺庙，有明清殿宇 27 座，房屋 54 间，及北魏、宋、明、清各代塑像 197 尊，壁画 83 平方米，永乐年间的珍贵铜佛像 5 尊。仙人崖三崖中，以西崖面积和佛殿数量为最，14 座殿宇内有唐、宋、明、清各代佛像 100 多尊，艺术价值极高。“仙人送灯”“净土松涛”“仙水湖光”“十八罗汉朝玉帝”，仙境意趣，景景相连。仙人崖景区地处南北方交界，所以在北方的雄山旁常伴南方的秀水淙淙。南北方景色相比相衬，浑然一体，景色极为诱人。仙人崖地势险要，以石岩洞、献珠峰、南天门、宝盖山、千佛崖最为典型，奇山、秀水、绿树、野花相映，涉足其间，确有身临仙境之感。

第四节　醉美油菜花海　畅游金色门源

七月中旬是门源油菜花盛开最灿烂的时节，漫山遍野的油菜花竞相争艳。上千亩的油菜花放眼望去是黄色的海洋，在广袤的田野里随风肆意地摇曳，置身于这片油菜花的世界里，闻着花香，听鸟儿歌唱，仿佛与整个大自然在拥抱。

为了欣赏油菜花，我早早便买好了往返的动车票，一大早就前往车站乘坐动车出发前往门源。当列车驶入门源时，金黄色的花海映入眼帘，铁轨两旁成片的油菜花将列车包裹起来，这场景仿佛梦中仙境一般。我走出列车，油菜花的香味扑面而来，迫不及待的我出站就直奔前往油菜花景区的公交，公交车仿佛读懂了我急迫的心情，一路飞驰，半小时就到了百里油菜花花海景区。

温馨提示：

最佳观赏时间：6 月底，油菜花就已经会冒出明黄色的小头，但还不到大片开放的时间。7 月初开始，这里就进入了油菜花盛开的季节，开花时间一般是 7 月 5 日至 25 日，最佳花期是 7 月 10 日至 25 日。

此时正值旅游旺季，景区里人山人海，非常热闹，在景区内一座山顶，可以将百里的油菜花海尽收眼底。

为了能够体验到置身花海的感觉，我选择了朝南的一条路，沿着小路慢慢前行，不知不觉已经置身花海，一望无际的花海和蔚蓝的天空连成一片，让人陶醉其中。

在花田的两旁有好多商贩，还有可以休息的桌椅、可供拍照的人造景观、游乐设施、秋千、吊床等。

打造国际生

我一路走一路拍，完全不知走了多久，丝毫感觉不到疲惫。坐在花的世界里，看云卷云舒，吮吸着油菜花的香味，此刻的我仿佛与整个世界隔绝，完全融入大自然中，感受大自然的原始，忘却了一切烦恼，变成了一颗油菜花，在微风中自由地摇曳。

LVE

整个下午我都在花海里陶醉，很快到了返程的时间，看着列车一点点驶离金灿灿的花海，内心充满了不舍。抵达兰州是 20:00 左右。

从兰州到门源花海，短短的一天，我仿佛置身两个世界。

第五节　移动的列车　行走的甘肃

被称为“陆上邮轮”的“环西部火车游”旅游产品是由甘肃省文化和旅游厅与兰州局集团公司联合打造的王牌旅游产品。开行的“环西部火车游·如意甘肃号”旅游宣传专列，将甘肃丰富的旅游资源和历史文化浓缩进列车中，带到了成都、重庆、西安、银川、西宁，成为流动的甘肃文化展厅，取得了预期的宣传效果。作为这次活动的参与者和策划者，我将为您揭秘这趟旅游专列别样的精彩。

一、“环西部火车游·如意甘肃号”旅游宣传专列方案设计

接到跨省宣传交流活动任务，我立即与兰州局集团公司取得联系，兰州局集团公司委托其全资子公司兰铁国旅公司负责“环西部火车游”旅游专列相关事宜。兰铁国旅公司充分发挥自身对旅游产品设计开发的优势，牢牢把握跨省宣传交流活动任务的核心，给出了“流动的甘肃文化展厅”设计方案，并顺利通过评审。

“流动的甘肃文化展厅”设计方案由静态场景设计和动态场景设计两大部分组成。以“环西部火车游”旅游专列为载体，整组车体以“交响丝路·如意甘肃”为主题，车厢以 14 个市州和兰州新区地域文旅元素包装命名，巧妙地将甘肃省各地州市的历史文化旅游特色融入品牌标识、列车内饰、服务设施、人员服饰、卧具备品的设计中。实现了“一车一城市，一包一风景”，旅客从登上列车之时就能感受到浓郁的地方风情。

（一）静态场景设计

静态场景设计旨在设计、打造一列蕴含甘肃丰富旅游资源和历史文化元素的全新宣传专列。

车体外观：采用半包车贴形式，以“交响丝路·如意甘肃”为主题，展现甘肃旅游形象。

车厢文化主题展示甘肃特色美景：陇上江南—麦积烟雨—崆峒秀色—铁桥水车—黄河石林—祁连雪山—马踏飞燕—七彩丹霞—金塔胡杨—嘉峪雄关—敦煌圣地—月牙神泉。

车内装饰：充分展示丝路特色文化，全列十四节载客车厢分别按照甘肃十四个地州市，以“文化甘肃、山水甘肃、红色甘肃、团结甘肃、美食甘肃”为主线进行设计、打造，浓缩甘肃地方特色和突出甘肃人文。

其中一节餐车打造成“甘肃老街”，展示兰州牛肉面、牛奶鸡蛋醪糟、灰豆子、酿皮等知名的西北特色小吃，展现美食甘肃。

一节功能车打造成“武威馆”，在展示武威特色文化、特产的同时，又能体现中国旅游标志——铜奔马文化。“武威馆”内，铜奔马仿制品系列、西夏瓷器系列以及具有西夏文化元素的文创产品琳琅满目，其中生肖书签、抱枕、丝巾、凉州秸秆画、凉州诗词朗读 CD、“西凉府”皮具、“高原小白”毛绒玩具备受欢迎；武威当地的农副特产更是应有尽有，像是民勤沙漠蜜瓜、红枣、人参果，凉州熏醋、无壳南瓜籽，天祝高原藜麦、白牦牛肉等。“武威馆”内展现的国家级非物质文化遗产凉州贤孝表演引人入胜，成为本次品牌列车上的精彩亮点。

养生
问道崆峒

武威馆

一节功能车打造成“兰州馆”，馆内展现的中山桥、黄河母亲、兰州水车、太平鼓，以及牛肉面、浆水面、甜胚子、灰豆子、酿皮等兰州文化元素和特色美食备受关注。“兰州馆”内以梅兰竹菊为单元的茶室、书房使得整个车厢简约中透着几分雅致。

在“兰州馆”里，展出了《读者》杂志与各类文旅宣传手册来呈现兰州的重点旅游景区、精品旅游线路；黄河奇石、刻葫芦等非遗文创商品、手工艺品，展示了兰州文旅丰厚的人文自然资源、非遗文创特色产品，全方位、多维度诠释了兰州文旅新形象，游客赞不绝口，真实直观地让大家触摸和感知了黄河文化，品味了精致兰州。

餐车和功能车以“视觉甘肃、味觉甘肃、听觉甘肃、嗅觉甘肃”为表现形式，设置民俗文化展示和特色产品展销车。

（二）动态场景设计

推介行程：首发日，在兰州站内搭建发车仪式活动场地，举行新闻发布会暨首次发车活动；运行途中，于各停靠车站（成都、重庆北、西安、银川、西宁）举行登车观摩体验和宣传展示。

车站场景搭建是推介活动中重要的一环。兰铁国旅公司积极与停靠城市车站所属的铁路局集团公司联系，在确定每个城市举行推介活动的具体时间后，申请了专列运行线路，并提前在停靠车站基本站台中部搭建推介会平台，实现专列到达停靠时刻与推介会开始时刻精准对接。

兰铁国旅公司设计了不同的活动预案，确保推介活动万无一失。

首次发车活动中主推的参观、展示流程方案为：列车停靠后，首先由随车演员在推介平台按照既定策划方案进行暖场演出，再由陪同人员邀请参会嘉宾登车观摩。

当地文旅部门、文旅企业参观路线：提前邀请参会嘉宾进入贵宾室，启动仪式开始前，引导参会嘉宾从贵宾室进入仪式现场，按照标识站位。启动仪式结束后，由解说人员和陪同人员引导主要嘉宾从 4 号车 A 门上车，依次参观软卧车一节、软卧高包车一节、餐车、功能车（兰州馆）、功能车（武威馆），参观结束后从 8 号车 B 门下车。列车参观结束，车站站长按点发车。

推介内容：首发新闻发布会邀请了中国新闻网、中国甘肃网等有影响力的新闻媒体为专列外出进行推介宣传，扩大旅游专列宣传覆盖面和影响力；登车观摩体验和宣传展示邀请了旅行业界同行、新闻媒体参观车体、观看民族歌舞表演，以及组织旅游形象展示活动；“三区三州·环西部火车游”甘肃推介会上，进行甘肃省各项旅游优惠政策发布、甘肃重点旅游资源宣传、特产展销活动。

列车上展示内容：

1. 推介包含国家“三区三州”地区在内的旅游产品和手工艺品，并在车上设特色产品专柜，展示、销售系列特产。

兰州局集团公司
特色产品专柜

2. 通过藏族、回族、东乡族、保安族、裕固族等少数民族的民族风情、历史文化、地域风光展示和舞蹈表演，以新颖的方式对外宣传甘肃良好的旅游形象，内容丰富，效果显著。

3. 在专列上设置的各地州市文化旅游及非遗“直播间”，全程对旅游专列活动进行直播报道；同时兰铁国旅公司组织专业新闻报道团队通过电视、纸媒、新媒体集中报道；与当地媒体合作，全方位跟踪报道旅游专列动态，三管齐下，使“交响丝路·如意甘肃”主题专列在短时间内形成广泛、深入的影响。

此趟专列将甘肃深厚的历史文化、丰富的旅游资源和琳琅满目的文创商品、非遗产品、特色农业产品等全部浓缩装载到旅游专列各节车厢，集合了“吃、住、行、游、购、娱”和“商、养、学、闲、情、奇”等文旅全要素，使其成为流动的“甘肃文化旅游展厅”和“景点博物馆”，更加直观形象全面地展现了甘肃文化旅游独一无二的特色品质。

二、“环西部火车游·如意甘肃号”旅游宣传专列启程

第一天：举行“环西部火车游”跨省宣传交流活动发车仪式。

演出人员在兰州站站前广场集合后，佩戴统一发放的胸牌，由专用通道进入车站。演员进行暖场表演后举行发车仪式，相关单位负责人致辞后邀请嘉宾上车观摩，随后同乘旅游专列赶赴成都站。

2020 年 8 月 2 日 21:36，Y402/3 次列车从兰州站缓缓驶离，开启了旅游大篷车“环西部火车游”旅游专列为期 7 天的行程。旅游列车从兰州出发，经停成都、重庆、西安、银川、西宁。

第二天：天府之国成都。

交响丝路与茶马古道相约相会，如意甘肃与天府之国携手同行。上午 9:30，满载丝路风情的“环西部火车游”旅游专列停靠在成都站。

四川钟灵毓秀、物华天宝；甘肃文化厚重、大漠雄浑。在深化甘川文旅合作交流活动暨“环游西部·乐享甘肃”推介会上，两省文旅系统政企代表会聚一堂，共谋文旅跨区域合作，共商做大做热跨省周边游、互助游市场，共同促进两省文旅行业合作潜力释放。

甘肃省文旅推介大使推介了“交响丝路·如意甘肃”文化旅游资源及精品旅游线路产品；甘肃省陇南市特面向四川籍游客实行景区半价等系列旅游优惠政策；甘肃兰铁国旅公司推介了“环西部火车游”旅游品牌和系列特色产品。两省文旅系统政企之间共签署

12 对合作协议，成都、陇南文化广电旅游部门更是协议建设互为无障碍文化旅游城市，携手打造两市双向 2~3 日游精品旅游短线。

成都之行，可谓成果丰硕。晚餐后甘肃省文化和旅游厅的工作人员在专列上召开简短的工作会议。会议结束时专列已抵达重庆北站。这一天，忙碌又充实。

第三天：山城重庆。

八月的重庆，万木葱茏、鸟语蝉鸣，以“交响丝路 · 如意甘肃”冠名的“环西部火车游”专列如同一艘陆上游轮，带着暑天的热度，致意山城的高度，共商合作的维度，出甘入川，奔渝而来。

推介活动现场，重庆市文旅界代表热情欢迎甘肃同仁来渝开展深化陇渝文化旅游合作交流活动，希望此次“环西部火车游”活动进一步促进两地旅游业界加强沟通、扩大合作，充分发挥“环西部火车游”激活西部沿线城市客流量的积极作用，推动陇渝互为旅游客源地和目的地建设，深化文旅产业合作，加快两地旅游经济高质量发展。

甘肃省文化旅游考察团考察了猪八戒网总部、重庆金山意库文创园区、重庆中国三峡博物馆、磁器口、洪崖洞景区、解放碑步行街、九街商业区。作为重庆夜经济代表的九街，因其现代、简约、高端、集成而活力四射，一跃成为嘉陵江畔、丽质山城夜经济高地和重庆文旅乃至整个重庆创新崛起的缩影，这里文创、演艺、美食、商购和文旅服务业尽显娴熟精致。

至此，“环西部火车游”推广营销活动为甘肃重庆文旅产业圆满按下“快捷键”，跑出“加速度”，促进两地旅游业发展。

傍晚在专列上用完工作餐后，旅游专列赶赴古都西安。

第四天：古都西安。

8 月 5 日早晨，“环西部火车游”旅游专列到访西安，开展“环游西部·乐享甘肃”推介、拓展周边游市场交流座谈、签订甘陕文旅合作协议、考察陕西省文化旅游业等系列活动。

专列邀请陕西文旅界嘉宾上车观摩，欣赏独具陇原各地风情的列车演出，接受来自甘肃藏民敬献的哈达，让陕西嘉宾充分感受到了“交响丝路·如意甘肃”的魅力与真诚。

甘肃省文化和旅游厅向在场游客推介甘肃文化旅游资源及线路产品、“环西部火车游”旅游品牌及产品，发布面向陕西籍游客的旅游优惠政策，来自甘肃文艺战线的演员代表现场表演了精彩纷呈的文艺节目。“如意甘肃”以优美的文旅产品、优惠的引客政策、满满的待客诚意向陕西人民发出旅游邀请。

第五天：离开西安前往银川。

甘肃文旅界代表深入大唐不夜城、西安博物院、大唐芙蓉园、关中古镇袁家村等地，学习借鉴“三秦大地”旅游经济发展的有效举措、成功经验。

大唐不夜城人潮涌动，浓郁的盛唐文化气息、魔幻多彩的灯光秀、时尚多样的小舞台演出以及琳琅满目的文创产品，让甘肃文旅同行在感慨之余深受启发。

走进乡村旅游“标杆”袁家村时，抬眼便看见门口的一副对联。上联：吃农家饭住农家店感受淳朴体验厚道，于清茶淡饭中品味生活；下联：观乡村景察乡村情亲近自然寻找宁静，于春华秋实里感悟人生。

这朴实又不失美感的文字彰显出了整个院落的品位与风格。这样的村落，诠释着独一无二的美感，一眼望去，苹果树、桃树等绿色植被一望无际；停车场也很有特色，继承了青砖灰瓦、雕梁画栋、风格迥异的关中传统建筑；手工作坊里，现做现磨的香油、油饼、肉夹馍，以及传统手工艺制作的豆腐、布匹、酿皮……一幕幕传统工艺精彩纷呈，令人眼花缭乱，独杆秋千、茶园、文创非遗产品更是让人流连忘返。

随后列车前往银川和西宁，继续开展文化旅游推介活动。

第六天：塞上江南神奇宁夏。

早晨的时光在列车上度过，列车运行途中举行了集中直播。下午列车抵达银川站，受到了宁夏文旅界、新闻媒体界的热情欢迎，宁夏文旅界的嘉宾上车观摩了甘肃各市州特色文旅商品及网络直播带货，欣赏了独具陇原各地风情的列车演出。

歌声嘹亮，哈达飘飘，香包芬芳，宁夏文旅界的嘉宾对“交响丝路·如意甘肃”主题产品的开发与设计灵感连连称赞。

甘肃宁夏同饮黄河水，相依六盘山。在银川站贵宾室举行的“深化甘宁文旅合作　拓展周边游市场”交流座谈会上，甘宁两地文旅部门负责人表示要用好“环西部火车游”文旅创新平台，在客源互推、市场共享等方面心手相牵、和衷共济，谱写甘宁文旅合作华美篇章。会上还签订了甘宁文旅合作协议。

下午，“环西部火车游”专列甘肃文旅代表团先后深入宁夏稻渔空间生态观光园、志辉源石酒庄等景区和企业进行观摩考察。

夜色降临，专列离开银川，开赴西宁。

第七天：大美青海，西部明珠西宁。

“大美青海”与“如意甘肃”山水相依、人文相通，8 月 8 日，“环西部火车游”专列来到美丽的西宁。

推介会上，介绍了兰州的美景、美食、城市特点等，向青海人民发出邀请，并面向青海籍游客，发布了多项优惠政策，便利青海人民游甘肃游兰州。

这次“环西部火车游”是甘青文旅合作的重启之旅，老朋友之间的感情升温之旅。甘肃、青海地理相连、风俗相近，历史渊源很深，两省长期以来互为旅游客源地和目的地，共享西北精品旅游线路，在旅游产业发展上可以找到许多“同心圆”。

甘肃省文旅推介团考察学习了青海互助土族故土园景区和青海藏文化博物院，祁连山脉守望甘青、河西走廊拉近甘青。九曲黄河水、洁白祁连山、美丽油菜花，以及青稞酒、锅庄舞、牦牛羚羊、洁白哈达，都是甘肃青海的共同特色。随着联通两省的动车以及“三区三州旅游大环线推广”“环西部火车游”“环青海湖旅游”等产品线路持续火热，甘肃青海联系愈加紧密。

青海站的考察学习和推广活动结束，标志着本次甘肃文旅“环西部火车游”跨省推广营销活动取得圆满成功。

此次“环西部火车游”旅游专列成功“走访”五省区市，依次经过成都、重庆、西安、银川、西宁，完成了历时 7 天 6 夜的环西部火车游，进行了三大旅游联盟工作会议以及“环游西部·乐享甘肃”推介会、座谈交流、合作洽谈签约、旅游优惠政策发布和考察学习等一系列环环相扣的工作内容，为实现“1+5 > 6”的合作共赢日标注入了新活力。

070 400502 028070